バラとなかよくしよう

　バラづくりと聞くと、「栽培がむずかしい」「病気にかかって大変」「苗の値段が高く、用土も肥料も薬剤もお金がかかる」「初心者はすぐに挫折しそう」などと思ってしまうかもしれません。
　でも、そんなことは決してありません。環境を整えて、自分に合ったバラを選べば、毎年美しい花を咲かせてくれます。
　「うまく咲かない」「思ったように育たない」「出るべき枝が出ない」のは、バラの責任ではありません。植物栽培の基本をどこかで勘違いしているからです。
　バラを咲かせようとか、なんとかしてやろうなどと考えずに、バラの性質を十分理解し、手助けをするような気持ちで育ててみましょう。
　バラはきっと応えてくれるはずです。

　私の考えは、「バラとなかよくしよう！」です。かわいがりすぎるのではなく、人が嫌だなと感じるようなことは植物にもしない、ということです。

　環境、品種、あなたの生活スタイル、肥料、水やり、すべてがバランスよく絡み合って、はじめてうまく育てることができます。ぜひこの本を参考に、植物の育つ仕組みから学んでいただけたらと願っています。

松尾正晃

日当たりや風通しのよくないスペースでも上手な剪定・誘引で華やかに。ピエール・ドゥ・ロンサールで演出。（左上）／さまざまな色や形のグリーンと草花でコーナーづくりを。黄色のパット・オースチンとピンクのソニア・リキエルで。（右上）／植える場所のないところでも手前のレッド・レオナルド・ダ・ビィンチや左上のプリンセス・アレキサンドラ・オブ・ケントなど、鉢植えで素敵に。（左下）／下から見上げるような場所はうつむき気味に咲くバラが向く。アンクル・ウォルターをフェンスに。（右下）

バラをさまざまなシーンで楽しもう

工夫とアイデア次第で演出は無限

　鉢植えでコンパクトに咲かせるのも手軽ですが、大きく育つバラを使ってフェンス、アーチや壁面、窓辺などで咲かせると立体感も出て楽しさは倍増します。庭の樹木や草花とのコラボレーションも夢が広がります。

　バラは系統や品種数が多く、さまざまに楽しめます。気をつけたいのは、用途に合った品種を選ぶということです。

　枝の伸びる大型の品種を小さなアーチに使ったり、あまり枝の伸びない品種をパーゴラに使うと、あとで苦労することになります。

　花だけではなく、品種の性質を理解してから使いましょう。

ガゼボをおおいつくすフランソワ・ジュランビル。2年間かけて屋根まで伸ばし、3年目から屋根の上で枝数をふやし、屋根の上だけで咲くように剪定。

アーチが庭のポイントになるように、つるアイスバーグを南側に、アーチをくぐれるように剪定で大きさがコントロールできるコーネリアを北側に。通路のアーチにバラを咲かせる時はアーチの外側に誘引する。

バラのアーチを壁面でオブジェ的に使い、オールドローズのプロスペリティやロサ・ケンティフォリア・ブラータを自然風に誘引。樹木、宿根草のミズヒキやパンダスミレなどと。

2m四方の花壇でも豪華にバラを楽しめる。左から時計まわりにイングリッシュ・ヘリテージ、ガートルード・ジェキル、つるサマースノー、パット・オースチン、スプリット・オブ・フリーダム、グラミス・キャッスル、チャールズ・レニー・マッキントッシュ。それぞれのテリトリーを守るように配植し、剪定・誘引する。

道から見上げて楽しめるように、うつむき気味に咲くバラやステム（花茎）が長く枝垂れ咲くバラを配植。アーチは冬の景観を考慮して使っている。後方からジュード・ジ・オブスキュア、アンジェラ、シャルロット・オースチン、ピエール・ドゥ・ロンサール。こぼれそうに咲き誇る。

壁面、窓辺をタイプⅣのピエール・ドゥ・ロンサールで飾る。年数の経ったシュラブローズはしっかり育ち、古枝からもシュートを出すので、その枝をいろいろなところに配して咲かせられる。つるにもブッシュにも仕立てられる、シュラブローズならではの楽しみ。

Contents

はじめてでも きれいによく咲く バラづくり 目次

バラとなかよくしよう ………………………………………… 2
バラをさまざまなシーンで楽しもう ……………………… 4
図鑑の見方 ……………………………………………………… 7

Chapter 1
はじめての1鉢を育ててみよう

バラ栽培は、はじめの出合いが大切 ……………………… 8
はじめてでも失敗しない おすすめのバラ ……………… 10
なにをしたらよい？ スタートから休眠まで …………… 14
まずはこれだけ！ バラに合った環境で育てよう ……… 15
まずはこれだけ！ 苗を手に入れよう …………………… 16
まずはこれだけ！ バラが育ちやすい鉢を選ぼう ……… 16
まずはこれだけ！ 市販の培養土で十分 ………………… 17
まずはこれだけ！ 肥料は固形か粒状が楽 ……………… 17
まずはこれだけ！ ハサミと手袋は必要 ………………… 18
まずはこれだけ！ 病害虫対策はスプレーで十分 ……… 18
まずはこれだけ！ 水は乾いたらやる …………………… 19
まずはこれだけ！ 苗を鉢に植えよう …………………… 20
まずはこれだけ！ 花が咲いたら花がら切り …………… 23
鉢栽培でもこんなに咲く！ 作例集 ……………………… 24
ベランダでバラを咲かせよう ……………………………… 25

Chapter 2
バラ栽培の基本を知ろう

バラの部位の名前を覚えよう ……………………………… 26
苗の種類とよい苗の選び方 ………………………………… 28
バラに向く鉢のいろいろ …………………………………… 29
バラがよく育つ用土にしよう ……………………………… 30
肥料と活力材を上手に使おう ……………………………… 31
鉢植えの水やりはバラの生長に合わせる ………………… 32
バラ栽培で用意したい道具類 ……………………………… 33
バラの一生が分かると剪定・誘引が分かる ……………… 34
四季咲き性のバラの剪定をしよう ………………………… 36
つるバラの誘引をしよう …………………………………… 40
庭に苗を植えよう …………………………………………… 44

扉：すべて鉢植えで咲かせた、パット・オースチン（中央のオレンジ）、つるアイスバーグ（後方の白）、ルイーザ・ストーン（左下のアイボリー）など。

Chapter 3
剪定・誘引は5つのタイプで解決！

すべてのバラは5分類で理解できる ……………… 46
タイプⅠ・タイプⅡの剪定と管理 ……………… 48
タイプⅠのおすすめのバラ ……………… 50
タイプⅡのおすすめのバラ ……………… 52
タイプⅢ・タイプⅣの剪定と管理 ……………… 54
タイプⅢのおすすめのバラ ……………… 56
タイプⅣのおすすめのバラ ……………… 58
タイプⅤの剪定と管理 ……………… 60
タイプⅤのおすすめのバラ ……………… 62
半日陰でもよく咲くおすすめのバラ ……………… 64
病気に強いおすすめのバラ ……………… 66
バラとクレマチスの楽しみ方 ……………… 68
バラと合わせたいおすすめのクレマチス ……………… 69
バラと草花を楽しむ ……………… 70
バラの寄せ植えをつくってみよう ……………… 72
あこがれのオールドローズに挑戦しよう ……………… 74
病害虫に気をつけよう ……………… 75

おすすめのバラ専門店 ……………… 79
バラ図鑑索引 ……………… 79

[図鑑の見方]
本書では、テーマやタイプごとに、おすすめのバラを紹介しています。

写真…そのバラの特徴をとらえた写真。ただし、バラは季節や気候で花色や花形が変化する

品種名…そのバラの名前

欧文…そのバラの欧文表記

花径…花の大きさ

高さ×幅…通常の剪定などの管理を行ったときの、おおよその大きさ

香り…そのバラの花の香りを表現

特徴…そのバラの咲き方や栽培法、使い方などについて解説

サイレント・ラブ
Silent Love
【花径】8〜10cm
【高さ×幅】1.0m×0.6m
【香り】強香、ティをベースにミントと甘い蜂蜜の香りが混ざる。
【特徴】清潔感あふれるブラッシュピンクでウエーブのかかる四季咲き性大輪房咲き。枝は直立気味にやや大きく伸びて豪華に咲く。冬の剪定で短くしてコンパクトに仕立てたい。トゲは少なくて新しい枝によく花をつける。鉢植えで育ててベランダなどで楽しみたい。

ブランド…ブランドの略称を表示しました。

樹形…バラの樹形を、ブッシュ（木立性）、シュラブ（半つる性）、クライミング（つる性）に分けた

【本書に登場するバラのブランド】
ブランドとして流通しているバラの略称です。
岩下篤也＝岩下／河本バラ園＝河本／ギヨー＝Guill／京阪園芸FGローズ＝FG／コルデス＝Kor／デビッド・オースチン・ロージズ（イングリッシュローズ）＝ER／デルバール＝Del／ドリュ＝Dori／ハークネス＝Hark／メイアン＝Meill／ローズアンシャンテ（まつおえんげい）＝Matsuo／ロサ・オリエンティス（バラの家）＝RO／ワーナー＝Warner／ヤンスペック＝JS／ピーター・ビールズ＝Beales

【ブランド以外のバラ】
オールドローズ＝Old（おもにハイブリッドティが完成する以前のバラ）
モダンローズ＝Trad（伝統的な現代のバラ）
クライマー＆ランブラー＝C&R（つるバラとほふく性のバラ）

Chapter 1

はじめての1鉢を育ててみよう

バラ栽培の第一歩は、「バラを育てるのはかんたんで楽しい」と思える品種を選ぶことです。

バラ栽培は、はじめの出合いが大切

はじめてバラを育てようと思った時には、どんなバラがよいのでしょう？ もちろん、花の形や香りはとても大切な条件です。でも、新しい植物に挑戦するのですから、栽培上でたくさんのハードルがあるより、少しでも育てやすいほうが安心ですね。

バラを選ぶ時に考えること

1 花のかたちや香り

いちばん大切な条件です。気に入った花を探しましょう。バラの香りも大切な選定条件の1つです。

2 枝やトゲ、葉のかたちや大きさ

葉のかたちやトゲのかたちも少し気をつけて見比べてみてください。

3 春から秋までよく咲く品種にする

春しか咲かないと楽しみは半減します。四季咲き性の品種から選びましょう。

4 病気に強いバラにする

これもじつは大切な条件です。病気に強い品種を選ぶと管理が楽になります。

5 樹形や育ったときの大きさ

育てる場所の環境や広さ、楽しみ方に合ったバラを選びましょう。

バラを育てる条件は？

まずは1年間おすすめの育てやすいバラにつき合ってみましょう。その経験をふまえ再度自分に合ったバラを見直すと、失敗のないバラ選びができるでしょう。はじめに失敗すると、「バラ栽培には向いていない」「やっぱりむり」と考えてしまい、バラづくりをやめてしまいがちです。はじめの出合いが肝心ですよ。

咲かせたい場所は？

バラを咲かせたい場所や環境によって、適したバラは異なります。それぞれに合ったバラを選びましょう。

まわりの環境は？

庭の場合は大きな樹木の下や塀の陰など日当たりや風通しの悪い場所は避けます。ベランダなどではスタンドで底上げするなど、日当たりと風通しを確保しましょう。

日当たりは？

日がよく当たる場所が最適といわれますが、1日に4〜5時間日が当たれば、バラは順調に育ち花をよく咲かせます。むしろ暑くて日がガンガン当たる場所より冷涼な場所が適します。

方角は？

南東から南、そして南西くらいが理想的。ただし、東や西でも半日は日が当たります。北でも育つバラもあります。

土の具合は？

バラ栽培でもっとも大切な条件は土です。土のよしあしで、バラの将来が決まるといってもよいでしょう。多少の環境の悪さを土の配合でカバーできます。

風通しは？

風通しが悪いと病害虫に侵されやすくなります。できるだけ風通しがよくなるようにしましょう。

- 花壇で草花と楽しみたい
- ベランダのパーゴラに誘引して
- ガセボをバラでいっぱいに
- 垣根にバラを
- 高いフェンスにつるバラを
- 低く長いフェンスにつるバラを
- バラのアーチを飾りたい
- 鉢植えで飾りたい場所に
- 窓辺をバラで飾りたい
- 東側は道路
- 北側

はじめてでも失敗しない おすすめのバラ

憧れのバラとの最初の出合いはとても大切。
あまり大きくならずに庭や鉢で春から秋までとてもよく咲く品種です。

ジャンティーユ
Gentille 　ブッシュ　Matsuo

【花径】7～8cm
【高さ×幅】0.8m×0.5m
【香り】強香、ティの香りはしべがのぞくと抹茶の香りに変化。
【特徴】5～7輪の房になってカップ咲き、気温の高い時は波状弁の平咲き、花色もライトピンクから白へと、まるで同じ品種とは思えないような花を見せる。まとまりのよいコンパクトな半横張り樹形でトゲは少なく扱いやすい。細枝にもとてもよく咲く。タイプⅠ。

レヴェイユ
Réveil 　ブッシュ　Matsuo

【花径】7～8cm
【高さ×幅】0.8m×0.5m
【香り】強香、さわやかなティをベースに甘く濃厚なライチの香り。
【特徴】とても甘いライチの香りが漂い、季節や気温で変わる花色は純白ベースからクリーム、中心もピンク、アプリコット、グリーンなどと多彩な変化を見せる。葉はマットな質感で小さめ、トゲの少ない枝はやや直立気味でまとまった樹形になり晩秋までよく咲く。タイプⅠ。

あおい
Aoi 　ブッシュ　FG

【花径】5～6cm
【高さ×幅】0.8m×0.6m
【香り】微香。
【特徴】コロンとしたカップ咲きから平咲き、春はピンクの強いモーブ、秋には茶色にラベンダーの混ざる深い花色に。四季咲き性中輪房咲きで花もちがよい。やや横張り気味のコンパクトな樹形でまとまりがよい。病気に強く、育てやすい初心者にも向くバラ。鉢植え向き。タイプⅠ。

ミルフィーユ
Mille-feuille 　ブッシュ　河本

【花径】7～8cm
【高さ×幅】0.8m×0.6m
【香り】中香、ほんのりと軽いティベースにグリーンの香り。
【特徴】花芯にイエローを蓄え、外にいくにしたがって純白の花びらに。カップ咲きから始まり外側の花弁から反り返るように開き、ついには軽いロゼットを見せる。トゲの少ない枝はしっかりしていて、横張り気味にコンパクトな樹形になる。タイプⅠ。

Chapter 1 はじめての1鉢を育ててみよう

マルク・シャガール
Marc Chagall

Del

【花径】10cm
【高さ×幅】1.0m×0.8m
【香り】強香、ローズをベースに甘いモモの香り。
【特徴】大きく丸い蕾からピンクベースに白い絞りが入る。季節と気温で絞り具合は変わる。ディープカップから豊満なロゼットへ。枝はあまり太くなく、まとまりのよい半横張り樹形になるので、鉢植えでコンパクトに育てられる。耐病性に優れるので初心者にも。タイプⅠ。

ムンステッド・ウッド
Munstead Wood

ER

【花径】8cm
【高さ×幅】1.2m×1.0m
【香り】強香、オールドローズとフルーツの混ざる香り。
【特徴】ベルベットのような質感のディープクリムゾンの花が数輪で房に。秋は一輪咲き。枝は細かいトゲが多く比較的しなやかでコンパクトなシュラブ樹形に。耐寒性、耐暑性に優れていて夏もよく咲き晩秋も咲く。花壇前面や鉢植えでコンパクトに育てて楽しみたい。タイプⅠ。

ボレロ
Bolero

Meill

【花径】10cm
【高さ×幅】0.8m×0.6m
【香り】強香、トロピカルフルーツのような甘い南国の香り。
【特徴】クリームホワイトのカップロゼットで、四季咲き性中輪房咲き。中心は薄いピンクに。枝はしっかりしていて半横張り気味に伸びて細い枝にもよく花が咲く。枝のまとまりがよくコンパクトなので鉢植えによい。耐病性、耐寒性、耐暑性に優れていて初心者にも向く。タイプⅠ。

ラ・マリエ
La Mariée

河本

【花径】7〜8cm
【高さ×幅】1.0m×0.7m
【香り】強香、ティをベースにやわらかく甘い香り。
【特徴】淡いピンクのゆるやかなウエーブのかかった花は可憐で秋にはラベンダーも帯びて一段とエレガントに。四季咲き性中輪房咲き。枝はトゲが少なく半直立。鉢植えでコンパクトに仕立ててベランダなどで楽しみたい。タイプⅠ。

イージー・タイム
Easy Time

Hark

【花径】10cm
【高さ×幅】0.9m×0.7m
【香り】中香、ティを含む甘い香り。
【特徴】深く切れ込みの入る特徴的な花は、季節や気温で多彩に変化する。生育旺盛で耐病性が高く、花壇に植え込んで他の植物と混在させても病気にかかることなくよく育つ。枝はよく伸びるので鉢植えでコンパクトに楽しみたいときは剪定を強めにする。初心者でも簡単に育てられるバラ。タイプⅠ。

シェエラザード
Sheherazad

RO

【花径】8cm
【高さ×幅】1.0m×0.7m
【香り】強香、ティとダマスクの混ざる甘く品のある香り。
【特徴】ツンと尖った花弁はウエーブがかかり、花弁の表は濃いピンクで、裏は白っぽいリバーシブル。四季咲き性中輪房咲き。しっかりとした枝はまとまりがよく、半横張りのシュラブ樹形。病気に強くて樹勢がよく生育旺盛。初心者でも鉢植えで気軽に楽しめる。タイプⅠ。

クレール・マーシャル
Claire Marshall Hark

【花径】10cm
【高さ×幅】0.8m×0.8m
【香り】強香、甘く濃厚なティとフルーツが混ざる香り。
【特徴】蕾からカップが次第にゆるんでくるまでは濃いめのライラック、開ききると薄れてきて淡いピンクモーヴになり、そのまま長いあいだ咲き続け、雨に強く傷むことがない。半横張り気味に広がるように伸びる樹形でとてもコンパクト、耐病性も抜群。タイプⅠ。

シュ・シュ
Chou Chou   河本

【花径】7〜8cm
【高さ×幅】1.0m×0.7m
【香り】微香。
【特徴】ひらひらとやわらかいウエーブのかかる花びらで、カップから平咲きに。アプリコットピンクからクリームに変化。やさしい花色はどんな草花ともよく合い、庭で力を発揮する。四季咲き性中輪房咲き。トゲの少ない枝はコンパクトでまとまりよく、半横張りに伸びる。タイプⅠ。

ロセッティ・ローズ
Rossetti Rose   Hark

【花径】6〜7cm
【高さ×幅】0.8m×0.8m
【香り】中香、軽いティの香り。
【特徴】小さな蕾からは想像できないほど弁数の多い花が咲く。写真は秋の花だが春でもたっぷり花弁を蓄え、しっかりした弁質は雨に強い。四季咲き性中輪房咲き。枝がコンパクトな樹形で初心者でも鉢植えで楽しめる。タイプⅠ。

ラ・パリジェンヌ
La Parisienne   Del

【花径】8〜10cm
【高さ×幅】1.2m×1.0m
【香り】中香、レモングラスの香り。
【特徴】春は黄色ベースにオレンジ、秋はオレンジベースに黄色のグラデーションのカップから平咲きに。枝は直立気味に伸びて細い枝にもとてもよく花が咲く。四季咲き性。株はまとまりがよくてコンパクト。鉢植えでも楽しめる。樹勢が強く、耐病性がある。タイプⅠ。

Chapter 1 はじめての1鉢を育ててみよう

モニーク・ダーヴ
Monique Darve

レディ・エマ・ハミルトン
Lady Emma Hamilton

ボスコベル
Boscobel

モニーク・ダーヴ Guill
【花径】8〜10cm
【高さ×幅】1.0m×0.8m
【香り】強香、ティをベースに甘く濃厚な香り。
【特徴】花弁の先がツンと尖ったカップロゼット、中心がブラッシュピンクで外はホワイト。清潔感あふれる花は四季咲き性で房咲き。真夏でもよく咲いている。枝は半直立であまり伸びずに花をつけるコンパクトなバラ。鉢植えで軒下などで楽しみたい。タイプI。

レディ・エマ・ハミルトン ER
【花径】8cm　【高さ×幅】1.0m×0.9m
【香り】強香、洋ナシ、グレープ、シトラスのさわやかな香り。
【特徴】燃えるような濃いオレンジの蕾から温かみのあるオレンジの軽いカップで数輪の房咲きに。四季咲き性で晩秋まで咲く。枝はしなやかで半横張りのとてもコンパクトなシュラブ樹形。鉢植えで育てたい。枝がしなやかでややうつむき気味に咲くので高い位置で楽しみたい。タイプI。

ボスコベル ER
【花径】8cm
【高さ×幅】1.2m×0.8m
【香り】中香、アニスベースでフルーツの香りも含む。
【特徴】カップからロゼットになるサーモンピンクの四季咲き性中輪房咲き。真夏でもよく咲くので一際目立ち、晩秋までしっかり開花。トゲは小さくあまり多くない。枝は直立気味でコンパクトにまとまる。鉢植えでも庭の前面でも楽しめる。耐病性に優れる丈夫で育てやすいバラ。タイプI。

リア・チュチュ
Leah Tutu

クロード・モネ
Claude Monet

ジャスト・ジョーイ
Just Joey

リア・チュチュ Beales
【花径】7〜8cm
【高さ×幅】1.2m×1.0m
【香り】中香、パンジーのようなバイオレットの香り。
【特徴】鮮やかな山吹色で、春はかたちのよいロゼット咲き、時には菊咲きのようになってグリーンアイが印象的になるなど、花の変化が楽しいバラ。枝は細くトゲは細長くて小さく少ない。半直立樹形で細い枝にもよく花が咲く。コンパクトな樹形なので鉢植えでも楽しめる。タイプI。

クロード・モネ Del
【花径】8cm
【高さ×幅】1.0m×0.8m
【香り】強香、ローズをベースにフルーツとスパイシーな香りが混ざる。
【特徴】ピンクに淡いオレンジイエローの絞りが入るカップロゼットからきれいに開ききる。枝は硬めで半横張りのまとまりのよいコンパクトなブッシュ樹形になる。四季咲き性抜群で夏の終わりや晩秋にも花が咲き、とても目立つ。耐病性に優れ初心者にも育てやすい。鉢植えにもよい。タイプI。

ジャスト・ジョーイ Trad
【花径】10〜12cm
【高さ×幅】1.0m×1.0m
【香り】強香、さわやかなティが強く香る。
【特徴】丸弁で春は黄色を帯びるアプリコット、気温が低いとオレンジの強いアプリコットで外側の花弁から淡くなる。四季咲き性大輪。早咲きでいち早く花を楽しめ、秋にもよく咲く。半横張りでコンパクトな姿なので、鉢植えでも楽しめる。古くから愛されている名花。タイプI。

なにをしたらよい？ スタートから休眠まで

バラ栽培は、バラ苗の購入から始まります。適期に適切な作業をすることが大切です。

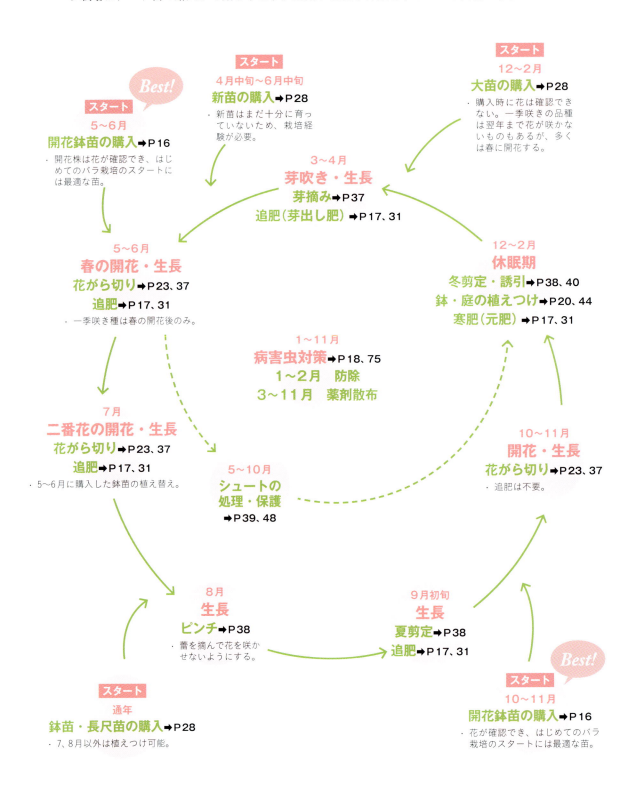

まずはこれだけ！ バラに合った環境で育てよう

　草花、庭木、果樹、宿根草、山野草など、植物によって栽培方法は違います。しかし、育てるうえでの基本はすべてにおいて共通しています。自生地の環境に近い条件で育てることです。

　十分な日光、水、肥料、適度な通風があり、用土が適し、病害虫対策、そして剪定、誘引などのメンテナンスが適切であれば、失敗することはありません。

　ただ、品種改良の進んだ四季咲き性のバラなどの一部は、ややデリケートなので、少し気遣いが必要です。

　そして、よい苗を購入することも大切です。

日光
1日4〜5時間以上当たるところがベスト。

通風
まったく風が通らないところや、始終強い風が通るところはあまりよくない。

メンテナンス
どれくらいの時間をバラにかけられるかも大きなポイント。バラに時間をさきにくい人はローメンテナンスなバラを。

水やり
鉢植えは表面が乾いたらたっぷりが原則。庭植えは、1年目は夏など乾いたら与える。2年目からはほぼ不要。

肥料
バラの種類に合わせて、適切な時期に適量与えることが大切。やりすぎはNG。

土の条件
鉢植えはバラに合った用土にする（1〜2年ごとに取り換える）。庭植えは水はけのよい土壌にする。

まずはこれだけ！ 苗を手に入れよう

　バラ栽培を始める時は、苗の購入がスタート地点です。苗には「新苗」、「二年生大苗」、「鉢苗」などがあり、はじめてなら、十分に育った鉢苗がベストです。十分に生育しているので、少々の失敗でも枯れることがありません。また、開花時期には花を確認してから購入できます。

　主に5〜6月と10〜11月の開花時期に出回りますが、お店によっては年間を通して入手できます。

　苗選びは、専門店か信頼のできる店員さんにまかせるのがベストです。

よい鉢苗
バランスよく枝が出ていて、葉と葉の間隔がつまっている。

上級者向けの鉢苗
枝のバランスが悪かったり、葉と葉の間隔が間延びしている。

まずはこれだけ！ バラが育ちやすい鉢を選ぼう

　鉢は、素焼きやプラスチック製など一般に売られているものなら材質は問いません。

　大切なのは、大きさと深さです。苗に対して二回り程度大きな鉢にしましょう。また、バラは根を下に伸ばすので、多少深い鉢のほうがよいでしょう。

バラ栽培に適した鉢

鉢の口が狭まっているものは避ける。

素材は素焼きがよいが、プラスチックやグラスファイバーなどでも問題ない。

ある程度深さのある鉢がよい。

寒冷地では鉢の凍結に注意する。

鉢の底穴が大きく、水はけのよいものがよい。穴が小さいものは避けたほうがよい。

コンパクトな四季咲きのバラ。
↓
直径24〜30cm程度、深さも同じくらい。

大きく育つ四季咲きのバラ。
↓
直径30〜40cm、深さは直径よりやや深いほうがよい。

つるバラなど伸びるバラ。
↓
直径30〜45cm以上、深さのあるもの。

Chapter 1 はじめての1鉢を育ててみよう

まずはこれだけ！ 市販の培養土で十分

「バラはバラ科の樹木。どんな土でもよく育つ」。確かにその通りです。ノイバラは、放っておいても野原でよく育っています。

しかし、限られた容積しかない鉢で、品種改良された四季咲き性のバラを育てるには、よい土が必須です。

では、どんな土がよいのでしょう？

水はけ、水もちのよい用土です。自分でブレンドもできますが、専門店の用土を購入するのがもっとも間違いがなく、手間のかからない方法です。

鉢栽培では、鉢底に鉢底石を入れることが多いが、鉢底石は植え替え時の分別が手間なので、後に土と混ぜられる根腐れ防止材（珪酸塩白土やゼオライト）を使用するとよい。

専門店のバラの用土は、バラに合わせて最適化されている。市販の用土を購入するときは元肥が入っているかどうかを必ず確認し、肥料をやるときに注意する。

まずはこれだけ！ 肥料は固形か粒状が楽

肥料もたくさんの種類が売られていますが、まず知っておきたいのは、元肥用の肥料と追肥用の肥料があることです（兼用できる肥料もある）。元肥は冬や植えつけのときに与え、追肥は生育期間中に与えます。

肥料ごとに与え方や量が異なるので、注意書きをよく読んで適切に与えましょう。

粒状タイプの元肥専用肥料。元肥追肥兼用タイプもある。

元肥用肥料
根や葉の生長に対する効果がゆっくりで、植えつけや植え替えのときや、冬に与える。土に混ぜられるものもある。

肥料のやり方

鉢の大きさに合わせた適量を鉢の縁に置く。粒状や粉状のものは軽く土に埋める。

肥料を置く場所を毎回変えると、成分が均等に行き渡る。

追肥用肥料
株の生長と花がたくさん咲く効果がある。生育の節目ごとに与える。

固形タイプの追肥。

17

まずはこれだけ！ ハサミと手袋は必要

バラを育て始めると、管理のための道具類が必要になります。せっかくなら、多少高価でも、よい道具をそろえたいものです。プロがすすめるメーカーのものは、使いやすく、長もちし、作業が楽しくなりますよ。

剪定バサミは2種類そろえましょう。片刃と呼ばれる枝切り専用の剪定バサミ（太い枝もよく切れる）、両刃のハサミ（細い枝や花がら摘み、芽摘み、ひも切りなどに使う）、木質化した太い枝にはノコギリが便利です。

バラはトゲがあるので、トゲを通しにくい革製の手袋は必需品。植え替えには移植ゴテがあると便利です。

腰にハサミケースをつけると、作業効率が上がる。

剪定・誘引には革製手袋と剪定バサミが必需品。

a ハサミケース、b 革製手袋（ひもがしばれるなど使いやすいものもある）、c 両刃のハサミ（細いので茂みの奥まで届く）、d 剪定バサミ（手に合った大きさのものを選ぶ）、e ノコギリ（刃の細いものが使いやすい）、f 移植ゴテ。

まずはこれだけ！ 病害虫対策はスプレーで十分

バラも人と同じく、健康管理をきちんとして規則正しく生活することが大切です。

予防の第一はバラ栽培に適した環境づくりと管理ですが、定期的な薬剤散布も重要です。

鉢植えで四季咲きのバラが5〜7株までなら、ハンドスプレータイプの薬剤で十分です。2週間に1回程度、葉の表と裏にまんべんなく散布します。

ローテーションが **Point!**
薬剤は3種類をローテーションさせて使うとよい。1種類だと病気や害虫に耐性ができることがある。

裏にもかける
葉から少し離して裏表にまんべんなく薬剤がかかるように散布する。薬剤には使用期限があるので注意する。

Chapter 1 はじめての1鉢を育ててみよう

まずはこれだけ！ 水は乾いたらやる

　水やりは、バラにとってとても重要です。

　ほぼすべての植物に共通していることですが、鉢栽培の水やりは、鉢土の表面が乾いてから一気にたくさんやるのが理想です。

　よくやってしまいがちなのが、微妙に乾いていない状態で少しずつ毎日やること。これがいちばんよくありません。鉢土の表面が乾いたらたっぷり与える。これが基本です。人でも、喉が渇いていないのに頻繁に飲んだり、暑いからといって何度も飲んだりするとおなかの調子が悪くなります。バラも同じです。

　なお、庭植えの場合は、植えつけてはじめての夏などは乾くのでときどき与えますが、それ以外はほぼ必要ありません。

鉢土表面の土が乾いたら一気にたくさんやる。特別な場合以外は、花や蕾、葉には水をかけない。

喉が渇くから水を飲む

水を飲みたいのは鉢土の表面が乾いた時。

水も肥料も効率よく吸収できる。

Point!

やわらかい水流で水やりを

一気に水をやるといっても、ホースから直接水をかけると用土を削ってしまいます。細かい目のハス口を使いましょう。

空気の入れ替えも大切な目的

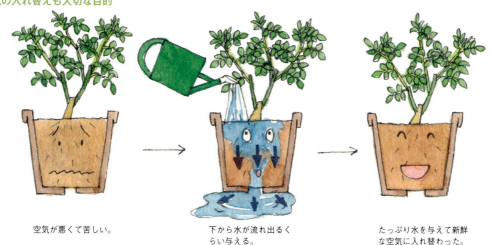

空気が悪くて苦しい。

下から水が流れ出るくらい与える。

たっぷり水を与えて新鮮な空気に入れ替わった。

まずはこれだけ！苗を鉢に植えよう

鉢苗は通年植えつけ可能

　はじめてバラを育てる場合は、鉢苗をおすすめします。十分に育っているので、だれが育てても失敗しにくいのです。開花鉢を購入したら、花が終わってから植え替えます。

　鉢苗も新苗も大苗も長尺苗も、鉢への植えつけ方は、ほぼ同じです。また、鉢の植え替えも同じです。植え替えの際は、一回り大きな鉢に植えつけます。

　注意したいのは、*1.* バラ専用培養土で植えつける。その際、肥料入りの用土には肥料を加えない、肥料が入っていない用土は元肥専用肥料を加える、*2.* 開花鉢苗以外は購入したらなるべく早く植えつける、*3.* 真夏や厳冬期の植えつけ・植え替えは避ける、ということです。

植えつけ時期

鉢苗・三年生苗・長尺苗
鉢苗は周年植え替え可能です。開花鉢の場合は、花を楽しんでから植え替えます。

新苗
4〜6月に出回るので、購入したらすぐに根鉢をくずさないように植え替えます。

大苗
12〜2月に出回ります。購入したらすぐに植えつけます。鉢に仮植えしてあるものは根鉢をくずさないように植えつけます。裸苗は根を広げて植えつけます。

花を観賞してから植え替え！

準備 花が咲き終わった開花鉢苗、一回り大きな鉢、バラ専用の培養土、根腐れ防止材（鉢底石でもよい）、元肥専用肥料、ヤシの実チップ、鉢底網。

1 花の咲いた枝の1/3〜1/2を剪定する。

Point!　半円形に剪定

2 半円形になるように枝を切り戻す。

3 鉢底網を敷き、根腐れ防止材を2cmほど入れる。

4 3の上に培養土を鉢の1/3ほど入れる。

Column

鉢底石のネット

鉢底石は植え替えのときの分別がめんどうなので、ネットに入れると便利です。しかし、毎年植え替えないと根がネットに入り込んでしまうので、植え替えできない方は避けたほうがよいでしょう。

Chapter 1 はじめての1鉢を育ててみよう

5 元肥専用肥料を適量加える。

6 肥料を片寄りのないようにまく。

7 肥料と苗の根が直接触れないように、培養土を適量入れる。

8 根がしっかりまわった鉢苗は、根鉢の底を少しほぐす。

9 サイドも軽くほぐす。

10 根鉢をほぐした状態。新苗、大苗では行わないこと。

11 苗の高さを確認し、高低を培養土で調整する。
接ぎ口を土より上にする

12 培養土を加える。

13 鉢をゆすってなじませ、必要なら培養土を加える。

14 乾燥と雑草防止用にヤシの実チップなどを敷く。

15 鉢底から水が出るまでたっぷり水やりする。

完成 必ずウオータースペースを確保するように植える。

仕上げ 必ずラベルなどをつけて、品種名が分かるようにしておく。新苗、大苗は支柱を立てて苗をしっかり固定する。

ウオータースペースとは？…水を与えた時に鉢の上部に少し水がたまるスペースのこと。鉢の上から3〜5cmあける。

大苗(裸苗)の植えつけのコツ　12〜2月の作業

大苗は畑から掘り上げられたものが販売されています。購入したらすぐに植えつけましょう。休眠期の鉢植えなどの植え替えで根鉢の土を落とした時も同じです。

Point! 1
根に肥料が当たらないようにする
元肥専用の肥料以外は用土に混ぜない。また、肥料が根に直接触れないように気をつける。

Point! 2
根を広げて植える
根が均等に広がるように植える。

Point! 3
丁寧に用土を入れ込む
大苗は、根と用土のあいだに隙間ができやすいので細い棒などで用土を入れ込む。丁寧に作業し、根を傷つけないように注意する。

鉢の選び方

バラの樹形に合わせて、バラが生長した姿とのバランスを考えて選びます。複数の鉢を所有する場合は、色合いやメーカーをそろえるとよいでしょう。

コンパクトな　ブッシュタイプのバラ
直径と高さが同程度でよい。

人の背丈程度になるバラ
深さのあるもの。

枝が伸びるつるバラ
大きくて深い鉢。

鉢増しで株を充実させる

鉢底から根が見えるくらいのタイミングで鉢を少しずつ大きくします。なお、栽培上の限界に達したら、その大きさを維持します。

少しずつ鉢を大きくする
細かい根がたくさん増え、根が枝をたくさん出し、しっかりしたよい株になる。

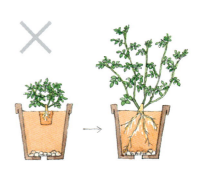

いきなり大きな鉢に植える
細くて軟弱な苗になる。葉や茎も同様。

まずはこれだけ！ 花が咲いたら花がら切り

花がら切りは大切な作業

　花がら切りは、①次の花を咲かせる、②新しい枝を発生させる、③病気の予防、などの目的のために行う剪定です。とにかく咲き終わったらすぐに切り戻します。
　ただし、ローズヒップを観賞したい場合などは花がらを切らずに残します。

凋花切り

　また、凋花切りも大切です。凋花切りとは、花が咲く直前や咲いたすぐあとに、花のすぐ下で花を摘み取る剪定です。切った花枝は切り花にしましょう。新しい枝の出にくい品種、若い苗の株の充実を図るときや、株の体力温存のために行います。さらに、夏の開花を避けるには、蕾を摘み取ります（ピンチ）。

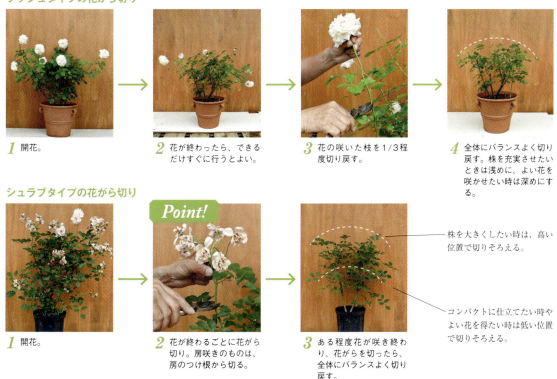

ブッシュタイプの花がら切り
1. 開花。
2. 花が終わったら、できるだけすぐに行うとよい。
3. 花の咲いた枝を1/3程度切り戻す。
4. 全体にバランスよく切り戻す。株を充実させたいときは浅めに、よい花を咲かせたい時は深めにする。

シュラブタイプの花がら切り
1. 開花。
2. 花が終わるごとに花がら切り。房咲きのものは、房のつけ根から切る。
3. ある程度花が咲き終わり、花がらを切ったら、全体にバランスよく切り戻す。

・株を大きくしたい時は、高い位置で切りそろえる。
・コンパクトに仕立てたい時やよい花を得たい時は低い位置で切りそろえる。

バラの咲き方
バラは花弁のかたちや咲き方などにより分類されています。それらを楽しむのもバラの魅力です。

【花びらの数】

 一重咲き（アリッサ・プリンセス・オブ・フェニキア）
 半八重咲き（ジャクリーヌ・デュ・プレ）
 八重咲き（シュ・シュ）

【花弁のかたち】

 剣弁咲き（ラ・フランス）
 丸弁咲き（スヴニール・ドゥ・ルイ・アマード）
 波状弁咲き（セ・ミニョン！）
 切れ込み弁咲き（ポール・セザンヌ）

【咲き方】

 高芯咲き（ローズ・オオサカ）
 平咲き（ラ・バリジェンヌ）
 ロゼット咲き（グラハム・トーマス）
 クォーターロゼット咲き（ジャンヌ・ダルク）
 ポンポン咲き（プリンセス・ドゥ・ナッソウ）

【花芯の見え方】

 グリーンアイ（マダム・アルディ）
 ボタンアイ（メアリー・マグダリン）

テラスやベランダなどでは、スタンドなどで高低差をつけ立体感を。高いところに置くときは風対策を。

直径70cmの鉢に3mのオベリスクで、テス・オブ・ザ・ダーバーヴィルズを庭のフォーカルポイントに。

鉢栽培でもこんなに咲く！作例集

コンテナ栽培はどんなバラも育てられ、どんな仕立てもできます。

日照が得にくいときは、背の高い鉢に植えるなどの工夫を。

つるバラの足元を鉢植えのバラで華やかに。鉢植えは咲いた時だけ見せたい場所に飾れる。

植えられない場所でも、鉢植えでバラや草花を。アイビーゼラニウムやベゴニアで花色を統一してシックにまとめる。

大きく育つジャクリーヌ・デュ・プレを冬の剪定でコンパクトにして咲かせている。

Chapter 1 はじめての1鉢を育ててみよう

ベランダでバラを咲かせよう

バラにとって居心地のよい環境に

　まず、ベランダには重量制限があり、マンションの場合は管理規約があります。違反やむりのない範囲で栽培しましょう。また、構造や方角、階数などによって環境が大きく異なるので、工夫してバラが育ちやすい環境にします。なお、ベランダからの鉢などの落下は厳禁です。

　ベランダで特に気をつけたいことは、

1. コンクリートの床は暑さ寒さが厳しい

　特にマンションのベランダはコンクリートで囲まれているので、夏の日中は照り返しが強く高温になり、夜は温度が下がりません。

2. 日照を確保する

　ベランダは個々の構造により、日照があまり得られないことがあります。

3. 風通しを工夫する

　マンションのベランダの多くは、風が通りにくい構造になっています。

　いずれの場合も、スタンドを利用して鉢をなるべく高い場所に置き、日当たり、風通しをよくします。コンクリートの床にはウッドパネルなどを敷きます。

4. 室外機の前には置かない

　室外機の乾燥した風にバラを直接当てないようにしましょう。

> **Column**
>
> ### スタンダードローズの活用
>
> スタンダードローズ（スタンダード仕立て）は庭に立体感をつくり、奥行きを感じさせる素敵な仕立て方です。
> スタンダードローズは特別なバラではありません。少し高いところで咲くように仕立ててあるだけです。管理は普通のものとほぼ変わりません。ただ水分や肥料が上に行くまでに時間がかかるため、鉢植えで楽しむときは水切れに注意しましょう。
> 大きなメリットは、地面から離れているので多湿が原因の黒星病にかかりにくいということです。病気に弱いバラでもスタンダード仕立てなら楽しめると思います。
> 四季咲き性のバラの場合は、冬の剪定を少し短めにするとコンパクトに咲かせられます。下に垂れるように伸びる枝のつるバラなら滝のように見事に咲き、横や斜めに伸びるつるバラはひもで枝を引っ張って下垂させるとかたちよくきれいに咲きます。

スタンダードローズの切り戻し

1 マイ・グラニーのスタンダード仕立ての開花。

2 五枚葉の上で剪定する。

3 剪定後。こまめに剪定してコンパクトにまとめるとよい。

スタンダードローズはベランダなど、条件のあまりよくない場所でも日当たりと通風が確保できる。

ベランダは乾燥しやすいので、ハダニの発生に注意。

Chapter2

バラ栽培の基本を知ろう

バラ栽培はむずかしいと思われていますが、
基本を守ればだれにでもきれいな花を咲かせることができます。

バラの部位の名前を覚えよう

名前が分かると栽培が楽しくなる

　バラ栽培を始めると、新しい言葉が出てきます。覚えておくと、バラ栽培の説明が理解しやすくなります。

　また、バラの多様性は花だけではありません。複雑な品種交配により、枝の伸び方や咲き方も千差万別で、バラをより魅力あるものにしています。

Column

小型種も放っておけば大型に

　図鑑やカタログに掲載されている樹高や枝の長さは、剪定など適切な管理をした場合のものです。剪定をしなければ毎年枝先からさらに枝が出て、どんどん伸びてしまいます。庭でバラを楽しむには、剪定などの作業が欠かせません。北海道の友人の庭のピエール・ドゥ・ロンサールは、夏でも50cmくらいの高さで花が咲いていました。気温が低く、生長を始めるのが遅く、夏でも冷涼な気候で花がどんどん咲くからです。環境や気候により、生育や花の大きさ、花色などが変わることも、よくあります。

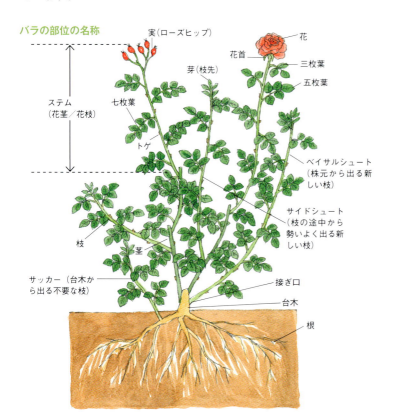

バラの部位の名称

樹形の分類

樹形は枝の伸び方と性質により、大きく3つに分類されます。

ブッシュ樹形（木立性）
支柱などを必要とせず自立するタイプで、木立性ともいう。枝が伸びる性質には、直立型、半直立型、横張り型がある。

シュラブ樹形（半つる性）
つる樹形とブッシュ樹形の中間に位置し、半つる性ともいう。あらゆるシーンに使いやすいとても便利なタイプで、同じ品種を剪定や誘引で大きくしたり小さくしたり自在にコントロールできる。ただし品種により性格はさまざま。枝が伸びる性質には、直立型、半直立型、横張り型がある。

つる樹形（クライミング）
つるバラとして扱い、樹が大きくなるタイプ。自立はできず、壁面やパーゴラ、大型のアーチ、フェンスなどに添わせて使うことが多い。枝が伸びる性質には、直立型、半直立型、横張り型、ほふく型がある。

枝の伸び方

品種ごとに、枝の性質に合った仕立て方をすると無理がありません。

直立型　　半直立型　　横張り型

ほふく型

花の咲き方

繰り返し咲き性や返り咲き性のバラは花後に再び咲くかどうかは、株の状態、気候、日照、剪定・誘引、管理方法などによって変わります。

○＝開花する
△＝開花するときもあれば開花しないときもある
×＝開花しない

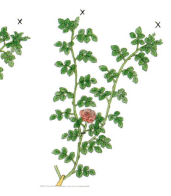

四季咲き性
春から秋にかけて、新しく出た枝（充実した枝）の先に花が咲く。

繰り返し咲き性
春の花後、秋まで何度か不規則に咲く。

返り咲き性
春の花後に枝がよく伸びる。秋（品種により初夏）に不規則に咲く。

一季咲き性
春のみ開花する。花後は枝が伸びるだけ。

苗の種類とよい苗の選び方

バラの苗には種類がある

バラ苗の多くは、秋の芽接ぎや冬の切り接ぎといった接ぎ木で生産されています。日本ではノイバラなどの根を借りると育ちやすいためです。

秋の芽接ぎと冬の切り接ぎ苗をポットに植えたバラの赤ちゃんが「春の新苗」で、4月中旬～6月中旬に販売されます。育てる喜びが味わえますが、まだ十分に育っていません。

その新苗を畑で秋まで育成して掘り上げて12～2月に販売する苗を「二年生大苗」と呼びます。畑で大きく育っているので、春には花が楽しめます。最近はポットに仮植えされていることが多く、鉢苗と見分けられないかもしれません。

それらの苗を鉢に植え替えて育て、花を咲かせて販売されるのが「鉢苗」です。

二年生大苗をさらに1年かけて十分に育てた苗が「三年生苗」「長尺苗」です。

品種により枝の太さや性質は異なるので、よい苗はバラに詳しい店員さんに選んでもらうのが確実です。自分で選ぶ時は、同じ品種の中から充実した苗を選べば問題ありません。

新苗
購入したらすぐに花を切って植え替え、十分に育つまでピンチして花をつけないようにする。

よい新苗の見分け方
左の写真の苗のように接ぎ口がしっかりして台木とのバランスがよく、枝が太く葉と葉の間隔が狭い苗を選ぶ。

注意！ 裸苗は乾燥しやすい。

二年生大苗
裸苗(左)とポットに仮植えされた大苗(右)。購入したらすぐに植えつける。

注意！ 根は張っていない。

鉢苗
花を咲かせて販売されていることが多い。花の多い少ないよりも、接ぎ口や枝の充実具合が大切。

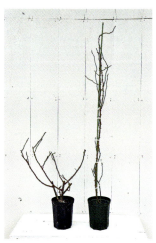

三年生苗・長尺苗
十分に生育していて失敗なく楽しめる。通年流通しているが、品種数が少なく、高価。

よい二年生大苗の見分け方
左の写真の苗のように、接ぎ口がしっかりしていて同じ太さの枝が3～5本くらいある苗を選ぶ。裸苗で根が確認できれば、根が太くて多くあるものがよい。

バラに向く鉢のいろいろ

よりおしゃれにバラを楽しむ

　好みの鉢にバラを植えて咲かせましょう。鉢栽培は、植える場所のない玄関やテラス、ベランダなどのほか、庭の中でもアクセントに使えます。鉢は植え替えれば何度でも使えるので、多少高価でもよいものがおすすめです。

　まず、バラは樹木なので根が太く長く伸びるため、直径より深さのある鉢が必須です。バラの枝の育つ様子と根の育つ様子はよく似ているので、鉢を選ぶ時は、育てたいバラの樹形を確認します。コンパクトであまり大きくならないバラは、直径と深さが同じであれば、どんな鉢でもかまいません。逆に、つるバラや直立気味に大きくなるバラなどは、直径より深さがある鉢が適しています。

　鉢の材質は問いませんが、素焼き鉢はより適しています。栽培を主に考えるとスリット鉢がおすすめです。

　口が狭く、生長したあとに株を取り出せなくなるようなかたちの鉢は避けましょう。

バラに向く植木鉢のいろいろ

スリット鉢
小さな苗や若い苗、生育の遅い苗などの栽培に適している。鉢に切れ込みがあり、根が自然なかたちで伸びるので本来の樹形できれいに生育する。植え替え時も根がほぐれやすい。

素焼き鉢
栽培に適し、デザインの美しいものは観賞用としても使える。素焼き鉢は根に必要な空気が自然に補われ、入れ替わる。
特に英国のウィッチフォード・ポタリーの鉢は、実用性、耐久性、デザイン性のすべてを備えた芸術品ともいえる。

ファイバー製の鉢
メリットは、大きくても軽くて割れにくいこと。デザインの優れたものもある。

樹形と根のかたちは似ている

少し大きく育つバラ（四季咲き性大輪バラ、返り咲き性バラなど）

直径30〜40cmくらいの鉢が最適。

ミニバラや中輪房咲き性のコンパクトなバラ

直径24〜30cmくらいの鉢が最適。

ほふく性のバラや大きくなるバラ

45cm以上の大きな鉢が最適。

直立性で大きくなるバラ

30〜45cm以上で、深さのある大きな鉢が最適。

口の狭い鉢はNG
中で根が張ると、植え替えができなくなる。

Column
変形の鉢を使いたい場合

口の狭い鉢は植え替えられなくなるので、バラの栽培にはNGです。ただし、かたちがおもしろいので、使いたい場合は鉢カバーのように用います。

バラがよく育つ用土にしよう

用土を知ってバラを育てる

植物にとって、用土は根の大切なすみかです。用土について勉強してみましょう。

よいバラの土の「7つ」の条件とは、以下の通りです。
1. 水はけがよい
2. 水もちがよい
3. 肥料抜けがよい
4. 団粒構造である
5. 比重が安定している
6. 通気性がよい
7. 育てるバラに最適な用土である

*1*と*2*は矛盾しているようですし、*3*はもったいない気がします。土の団粒構造なんて素人には区別がつきませんし、土の中の通気性はなくてもよいように思います。しかし、それぞれに理由があり、プロは毎年試行錯誤をして、これらの条件の整った用土をつくっています。

上記の条件がそろった用土を素人がつくるのは大変です。そのため、専門店のすすめる用土が最適なのです。

なお、市販の安価な培養土には、バラ栽培に向かないものもあるので注意します。購入に際しては肥料成分の有無を確認します。

また、用土を自分で配合すると、自宅の環境や品種に合った用土がつくれます。自分で配合したほうが割安になる場合があります。

バラ栽培の基本用土

【基本用土】

赤玉土
関西では真砂土でもよい。

鹿沼土
通気性・保水性が高い酸性土。

【土壌改良材】

腐葉土
完熟したものを使用する。

堆肥
排水性・保水性・保肥性を改善。

ヤシの実チップ（ベラボン）
吸水性、排水性、通気性に優れる。

ゼオライト（根腐れ防止剤）
余計な養分などを吸着し、水を浄化する。

バラの用土（左）、クレマチスの用土（中）、リサイクル用の土（右）
理想の状態に配合されているので便利。植物に適した用土を使用する。古い土を再利用したい時はリサイクル用の土を加える。

自分で配合する方法

バラを自分で配合する場合の基本比率です。育てる環境に合わせて比率を工夫してもよいでしょう。バラ栽培が楽しくなります。

【配合例】

ヤシの実チップ：1
ゼオライト：1
赤玉土：3
鹿沼土：1
腐葉土：2
堆肥：2

1 配合する資材を準備する。

2 まんべんなく混ぜ合わせる。

3 自分で配合すると配合が偏りやすいので、繰り返し混ぜる。

4 完成。配合した用土はなるべく早く使用する。

肥料と活力材を上手に使おう

肥料は植物のおかず

　野生の植物は大地から必要な養分を吸収していますが、品種改良された品種や鉢栽培では、光合成だけでは栄養分が不足します。定期的な肥料やりが欠かせません。

　植物が育つためには16種類の成分が必要です。代表的な成分は、チッソ（N）、リン酸（P）、カリ（K）で、チッソ＝葉や枝や根の生長、リン酸＝花や実、根の生長、カリ＝根や茎の生長をよくします。他の要素も必要です。

　肥料は、材料、形状、目的などにより種類があります。寒肥（元肥）には粒状肥料、追肥には固形肥料、肥料分が不足していたら液肥、定期的な活力材、と使い分けるとよいでしょう。

　なお、有機質肥料は自然界に存在する有機物、化成肥料は化学的に調合されたもの、有機配合肥料は有機質肥料で補いきれない部分を化成肥料で補充しています。

粒状肥料
主に土に混ぜて使う。土に近い大きさで効き始めがやや早い。

固形肥料
効きめが緩やかで持続性がある。株のまわりに均等に置く。

液体肥料
速効性があり葉や花色を素早くきれいにする。有効期間が短いので定期的に与える。

植物が育つための16要素

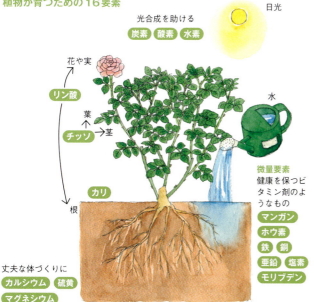

肥料を与える時のポイント

1. 健康な株は食欲旺盛
肥料は株が健康である時に与えます。元気のない株や、生育の遅い株は控えめにします。

2. 生育環境が整っていること
最適な土であることも重要です。古土や水はけの悪い土に肥料を与えると逆効果です。

3. 信じる者は救われる
これと決めた肥料をきちんとまじめに与え続けること、これが重要です。

4. 暴飲暴食はやめる
肥料を与えすぎると逆効果です。適量を必ず守りましょう。適量は使う肥料により異なります。

Column 活力材って？

活力材は、植物の生育を手助けします。
微生物を活躍させたり、肥料の吸収を助けたり病気への抵抗性を高めたりします。定期的に長く使い続けることが大切。液肥と併用してもよいでしょう。

液肥・活力材の与え方

1 ジョウロなどに希釈したい分量の水を入れ、規定量の原液を量る。

2 原液を入れ、よく攪拌する。

Point!
3 水やりの代わりに、鉢底から水が出るまで十分に与える。少しだけ与えるのはNG。

鉢植えの水やりはバラの生長に合わせる

適度な乾燥が大切

　根は空気を吸って生きています。いつも土が湿っていると鉢の中の空気が少なくなり、酸欠状態になります。たっぷり水やりして古い空気と水を押し出し、新鮮な空気と水に入れ替えることが、水やりの目的の1つです。

　そして鉢土の表面が乾くまで次の水やりは控えます。鉢の中にいつも水分があると、バラの体の中がいつも水分で満たされ、株が水や肥料を吸収しにくくなります。植物は毛細管現象の原理で水や肥料、微量要素などを吸い上げるためです。

　乾いてからたっぷりあげる水やりを心がけると、水分が不足気味なので水を探しに根は活発に生長します。そして水を吸う部分を少しでも増やしたいので根を多く分岐させます。そうすると根の多い土台のしっかりした株になります。

　複数のバラを育てると、元気な株や、大きくならない品種、病害虫で弱った株まで混在します。同じように水やりすると、片方は不足気味、片方は過湿気味なんてことにもなりかねません。水を欲しがっているバラだけに多く与えて、必要としていないバラには控えるという配慮が必要です。

水やりは時期で異なる

1. 芽の出始め
この時期は土の表面が乾いたらたっぷり与える。頻繁に与えない。

2. 蕾がつくまで
葉や枝が増えるので、株の生長に合わせて水やりの回数を増やす。ただし肥料が流亡するので肥料切れに注意する。

3. 蕾がふくらむ時
バラにとっていちばん水が欲しい時期。1日に2回与えても問題ない。肥料は切らしてもかまわない。

4. 開花してから
開花したら、また1日に1回に戻す。

5. 夏
できるだけ鉢土を乾かさないようにする。極端に乾くと新芽や若い葉はちりちりに枯れる。

6. 秋
夜の気温が下がったあと、乾いたら与えるパターンに戻す。

7. 冬
11月下旬から葉が黄変してきたら、水やりを減らし、休眠状態にする。

根は水を探して増えて伸びる

根は水を求めて伸びていく。

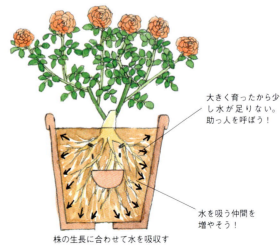

大きく育ったから少し水が足りない。助っ人を呼ぼう！

水を吸う仲間を増やそう！

株の生長に合わせて水を吸収する根先を増やしていく。分岐した根が増えることで、土台のしっかりした丈夫な株になる。

Chapter 2 バラ栽培の基本を知ろう

バラ栽培で用意したい道具類

道具も楽しみたい

道具に凝るのもバラ栽培の楽しみ。よいものは多少高価でも、使いやすく長もちします。18ページで紹介した基本的な道具以外にも、持っていると便利なグッズを揃えましょう。

よい道具をそろえると、作業が楽になり、面白くなる。

ハサミケースと手袋
剪定バサミの他に、刃研ぎ、ひも、メモ帳やペンなどいろいろ収納できるものが便利。
つるバラを扱う場合はソデの長い手袋がよい。

長靴
庭の作業には欠かせない。長くはいても疲れないものを選ぶ。ハーフサイズは着脱が楽。

ジョウロ
容量がありもちやすく、ハス口の目の細かいものがよい。

園芸グッズ
麻ひもやビニールタイはバラの枝を留める時に使う。麻ひもは自然に分解される。ビニールタイは分解されないが便利で使いやすい。バラの品種は人の戸籍と同じ、管理には欠かせない情報源なので必ず品種名のラベルをつける。

剪定バサミの手入れ

使った後は必ず手入れをしましょう。刃についた植物のアクは切れ味を悪くし、病気の菌などもひそんでいます。刃がかなり傷んだら、自分で研ぐか専門家に依頼します。

刃研ぎと刃物クリーナー
ハサミを使う前に研ぐ習慣をつけると、手が疲れず能率が上がる。

1 クリーナーの液を吹きかける。

2 ティッシュや布で丁寧に拭く。

3 汚れ、サビが落ちる。

4 刃研ぎで磨く。

バラの一生が分かると剪定・誘引が分かる

頂芽優勢は子孫を残すもっとも効率的な手段

　植物は、他の動植物との共存と競争、自然環境への順応など、長い年月を経て淘汰・進化して今日まで生き延びています。そのためには、競争相手を排除しながら、花を咲かせてタネを散布し、子孫を残さねばなりません。バラも例外ではありません。

　タネが発芽し芽が伸び始めると、すぐに他の植物と日光を奪い合いながら生長します。生存に十分な場所を確保した時に、生長点は花芽分化し、開花しタネをつくります。タネがついた枝は重みで湾曲し、地面に近づき、タネが散布されます。そのタネが翌年の春に発芽して、生長します。

　さらに、湾曲した枝の頂点から新しい枝を出してさらに生長します。頂点の芽が伸びるほうが、効率がよいためです。湾曲した大きな株に育つことで、自身の生育場所の確保と、他の植物のタネや芽に日が当たらないようにしています。すなわち、タネのできる枝の先が頂点になったり、湾曲した枝の高いところが頂点になったりするわけです。枝先や株の高いところなど、いろいろな部分が頂点になり得ます。

> **Column**
> ### 接ぎ木テープはどうするの？
> 切り接ぎのバラ苗は、株元の接ぎ口にテープが巻いてあります。春の新苗なら1年間、二年生苗なら半年ほど、しっかり活着するまではずさないようにします。接ぎ穂がはずれてしまうことがあるからです。逆に、放置するといずれテープが幹に食い込むので、ころあいを見てはずしましょう。

バラの一生

- 周囲の植物よりも高く生長し、開花する。
- **開花**
- タネの重みで枝が湾曲する。
- **結実**
- タネが落ちたところから新しいバラが伸び開花する。
- **翌年発芽し開花**
- 元からあった株も湾曲部の上部や株元からシュートが出て、周囲をバラの枝葉でおおい広がっていく。
- バラに隠れた部分は日が当たらないので他の植物は育たない。
- 古い枝の頂芽から出た枝に翌年開花する。
- バラの一生を理解し、性質を利用して行うのが、剪定と誘引です。

頂芽優勢の性質を利用する

　枝先や頂点になっている部分の芽には、花を咲かせてタネをつけて子孫を残すという大切な役割があります。そのため、優先的に養分や水分が運ばれます。養分を得た芽はどんどん伸びて花を咲かせます。これが頂芽優勢です。剪定・誘引により、人為的に頂芽の場所や数を変えることができます。

頂芽優勢について

頂芽。開花・結実する大切なところ。頂芽は植物の生長で最優先される。

養分、水分はこの部分に集中的に運ばれる。

害虫

アクシデントなどで頂芽が失われたら、枝先にいちばん近いところに充実した芽が再度出て頂芽となる。

折れる　折れた枝

頂芽から新しい芽が出る。剪定と誘引はこの性質を利用する。

Column
頂芽優勢は枝だけではない！

枝先は花や実がつくので常に頂芽です。ただし、株の中から著しく飛び出した枝や、1本だけ太く大きな枝が出ると、そこに養分が集中して頂芽になることがあります。

株や枝にも頂芽がある

頂芽になる

元気な枝の芽が頂芽になる場合。

頂芽になる

高い位置にある枝の芽が頂芽になる場合。

バラの剪定と誘引　10の目的

剪定で頂芽優勢をくずして開花する枝を出させる、頂芽優勢を利用して枝を誘引し思い通りの場所に花を咲かせる……、法則が分かると、人間がバラとなかよくできます。
　庭の中でバラをむりなく楽しむには、品種選びがもっとも大切ですが、剪定・誘引を適切に行うと、限られたスペースでも他の樹木や草花と共存してバランスよくバラを楽しめます。バラの性質が十分に理解できるようになると、バラ栽培は本当に楽しいものになります。
　剪定・誘引は、以下の目的をもって行いましょう。

1.思い通りの場所に花を咲かせる
四季咲き性のブッシュローズなら咲かせたい高さが、つるバラなら咲かせたい位置とスペースが重要になるので、切った位置や誘引した場所からどれくらい伸びて咲くかを考えながら剪定・誘引する。

2.株の大きさの調整
剪定することで株の大きさを毎年調整できる。

3.古い枝の更新と新しい枝の発生を促す
バラの株には寿命はないが、個々の枝は年数を経るごとに花を咲かせる力が衰える。古い枝を切除して新しい枝の発生を促し、花の咲きやすい枝をつくる。

4.つるに多くの花を咲かせる
前年新しく伸びた枝に多くの花が咲くので、その枝を効率よく残して誘引することで花数を増やす。

5.大きい花を咲かせる
四季咲き性の大輪バラは、枝数を減らすことでより大きな花を咲かせられる。

6.より多くの花を咲かせる
中輪から小輪種のバラは、枝を多く残すと花が多く得られる。剪定を浅くする（上のほうで切る）と花は小さいが、枝が多い分、花数は増える。

7.花の咲く時期の調整
枝を浅めに（上のほう）切ると早く咲き、枝を深く（下のほう）切ると遅く咲く。

8.古枝の整理と病害虫の防除
花を咲かせなくなった枝や、病害虫で傷んでしまった枝を整理し、越冬している病害虫の原因を取り除く。

9.不要枝の切除
芽は出たもののなんらかの原因で生長が止まった枝や芽などは、枝や株の下のほうにある場合が多く、病気や害虫（主にアブラムシ）の発生の原因になるので切り取る。

10.株の中央に日が当たるようにする
中心に向かう枝や古い枝を切り取って株の中心に日を当て、シュートや枝を出やすくする。株元に日を当て土の温度を適度に上げ、根の生長を促す。

四季咲き性のバラの剪定をしよう

四季咲き性のバラは、バラの完成形

　バラは複雑な育種を経ているので、樹形や枝の性質が品種によって異なります。バラのことが分かってくると、バラの性質や目的に合わせた剪定や誘引ができるようになります。

　四季咲き性のバラには、ハイブリッドティ（HT）、ティ（T）、フロリバンダ（Fl）、ポリアンサ（Pol）、ミニバラ（Min）とシュラブローズのコンパクトなタイプなどの系統があります。

　四季咲き性のバラは、気温など一定の条件を満たすと新しい枝が出て、その先端に必ず花が咲き、枝の生長が止まる性質を有しています。剪定しないと次の枝が出にくく、出てもよい花が咲きません。生長の止まった花枝を切ると枝の発生が促され、新しい枝の先に開花します。剪定は人為的に枝先をつくることで、何度も花を楽しむ行為といえます。つまり、四季咲き性バラは剪定が欠かせません。

　剪定をしてから枝が出て花が咲くまでにかかる日数は、株の大きさによります。株が小さい品種（ミニバラやポリアンサ）は切ってから短い日数で咲き、株が大きい大輪種になるほど、切ってから咲くまでの日数がかかります。

剪定作業の流れ

　剪定位置や作業は、品種特性や株の状態、目的に合わせて行います。

剪定用具と準備

服装　トゲや培養土などで傷ついたり汚れてもよいもの。
手袋　革製や人工皮革のトゲを通しにくい材質のもの。
結束用具　麻ひも、ビニールタイなど。
ハサミ　片刃の剪定バサミ（太い枝）、両刃のハサミ（細い枝や株の奥を切る場合）。
ノコギリ　ハサミで切れないような太い枝用。
切り口塗布剤　太い枝を切った場合は、切り口からの水分の浸入を防いで病気を予防するために塗っておくと安心。

＊切れないハサミを使うと切り口がつぶれて一番上の芽がダメになることがある。

＊オールドローズや小輪のつるバラ、ミニバラの剪定は両刃のハサミを使うとよい（両刃は太い枝は切れない）。片刃の剪定バサミと両刃のハサミを使い分けると頭の整理ができ、切ってはいけない枝を切らずに済む。

＊ハサミについた枝のアクは常に取り除いて清潔にする（病気の感染を防ぐため）。

剪定後、蕾がつくまでの日数と背丈の関係

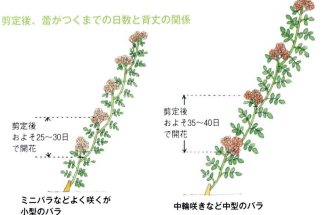
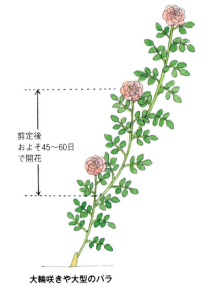

Chapter 2 バラ栽培の基本を知ろう

1 芽摘み 3月

×＝摘む芽
枝の太さや樹勢を考慮して、春先に出る芽をかいて芽の数を減らします。

芽摘み前の株
よく茂っているように見えるが、芽が多すぎる。

芽摘み後の株
不要な芽を摘んで整理した。

残す芽の判断
強い芽を残し、他を摘む。

生長できなかった芽
芽が出たものの、生長がストップしているものは、病気の原因になるので取り去る。

2 花がら切り、凋花切りと花後の剪定

花がら切り、凋花切りは対象の花だけを剪定する作業で、花後の剪定は、株全体に行う剪定作業です。

凋花切り、花がら切り 5～10月

凋花切りとは、開花間近の蕾や開花したばかりの花を剪定することです。早めに切ることで、切花と株づくりを両立させます。新しい枝を早く出させて葉を増やし、株を充実させます。凋花切りした花は切花にして楽しみます。
花がら切りとは、咲き終わった花を剪定する作業です。目的は、①新しい枝を出させる（繰り返し咲くバラは次の花枝を得るため）、②タネが成ることを防ぎ株の体力を温存する、③花がらがあると汚く見えるので美観の維持、④花がらが病害虫の温床になるので病害虫対策、などです。タネを得たい場合は、花がらをそのままにします。

凋花切り
盛りになる前の花を剪定。早く切ると、次の枝が出るのも速くなる。

花後の剪定 5～7月

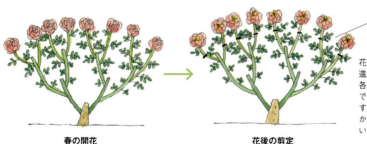

春の開花 → **花後の剪定**

同じ高さで切りそろえる。

花後の剪定は、開花がある程度進んだら、株全体に行います。各枝のスタートをそろえることで、次の花がそろって開花します。花後の剪定をするかしないかは、花をどのように咲かせたいかによります。

春の開花。

花がら切り
枝ごとに、花の咲いた枝の上から1/3くらいを剪定する。

花後の剪定
花がらなどを処理したら、全体にバランスよく切り戻す。

3 ピンチ(摘芯) 8月

夏の体力の消耗を防ぐため蕾が見えたらピンチ(枝先を摘むこと)をして、花を咲かせず株の充実を図ります。

なお、8月以外でも、①株に体力をつけさせたい、②株を大きくしたい時に行います。

1 蕾を見つけたら早めに摘む。

2 軽く指で挟む。

3 花首を折って取る。

4 夏剪定 8月下旬から9月中旬

二番花の咲いていた枝あたりで切る。

①暑さに強くて病気にかからず葉がたくさんついている株の場合

③夏剪定までに3回咲いた株の場合

葉の残っている部分で切る。

②暑さや病気で葉があまりない株の場合

四季咲き性のバラに行う剪定で、秋の開花を調節します。10月中旬からの開花を考え、剪定の順番を、大きくなる品種、中型、小型にすると、開花期をそろえられます。

1 夏剪定前の状態。このバラは中輪房咲き性のよく咲く品種。

2 夏剪定までに3回咲いたことが分かる。2番花の咲いた位置で切る。

3 2番花の咲いていた枝で、葉を3〜5枚くらい残して切り戻す。

4 バランスよく切り、形を整える。

5 冬剪定 12〜2月

今年の春、最初に咲いた枝のところで切る。

春にスタートする枝の出発点をつくります。各枝の頂芽から出た枝の先端に花が咲きます。

葉のつけ根にある芽が赤くふくらむ前に終えるとよいです。剪定時期が早すぎると寒い時に芽が出て凍害に遭うことがあるので注意します。

基本は前年の一番花が咲いた枝で剪定します。

株の外側に向かう芽(外芽)の上で切りますが、横張り樹形の場合などは例外です。

枝のやわらかい品種や、若い株、弱った株は深くは剪定しないようにします。HT種の一部や切り花用品種などは、枝先を切って枝の充実度合を確認してから剪定します。

株全体が半円形になるように頂芽の位置を整えます。1本だけ長く伸びた枝を残すと、その枝が強くなり他の枝の生長を妨げます。

Column

枝は形成層が大切

充実した枝 / 未熟な枝 / 表皮 / 形成層(この部分から枝や根が出る) / 髄(水分や養分の通り道)

形成層のできていないところで剪定すると、よい花が咲かない。

残す枝の太さの目安 花の大きさにより異なります。

大輪種 鉛筆より太いところで切る。細い枝は切除する。

油性のペン / 鉛筆 / お箸 / 串 / 爪楊枝

中輪種  お箸より太いところで切る。それより細めの枝でも多めに残す。

小輪種  爪楊枝くらいの枝がよく咲き、太い枝を残すと枝が出るものの花が咲かない場合がある。

Chapter 2 バラ栽培の基本を知ろう

枝はどこで切ったらよいの？

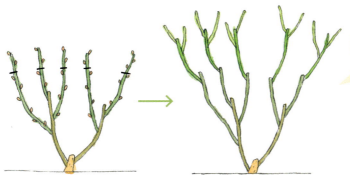

外側に向いた芽の上で切る。　　外へ向かって枝が出る。

必ず外芽の上で切らなければいけないというわけではありません。直立樹形ならどの芽の上で切っても直上に枝は伸びますし、内側に枝をつくりたい時は内芽で切ってもかまいません。

切ったところにいちばん近いところから枝は出る

なぜ外芽で切るの？

上から見ると、外へ向かって枝が出て株の中心に日が当たることが分かる。

養分

養分は枝先に送り込まれる。

剪定して枝先の芽がなくなると、切り口にいちばん近い芽に養分を送るようになる。したがって切り口から1～2芽に養分が行き枝が伸びて開花する。下のほうの芽は養分がもらえず生長が止まる。

新しい枝（シュート）が出たらどうするの？

花が咲いている株から出る新しい枝は3種類あります。ベイサルシュート（株元から出る新しい枝）、サイドシュート（枝の途中から出る新しい枝）、サッカー（台木から出る枝）です。ベイサルシュートとサイドシュートは翌年によい花を咲かせる枝になります。シュートは株の他の枝と同じくらいの高さにバランスよく切ります。

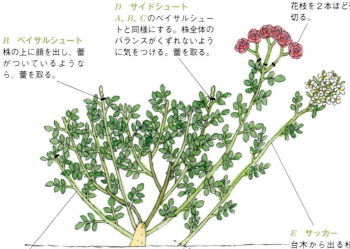

C ベイサルシュート
株の輪郭より上で花を咲かせてしまったら、花枝を2本ほど残して切る。

D サイドシュート
A、B、Cのベイサルシュートと同様にする。株全体のバランスがくずれないように気をつける。蕾を取る。

B ベイサルシュート
株の上に顔を出し、蕾がついているようなら、蕾を取る。

A ベイサルシュート
早めに見つけたら、30～40㎝のところで枝先の芽を摘み取る。

サッカーはつけ根から取る。

E サッカー
台木から出る枝で、伸びる勢い、花、葉が他のシュートとは異なる。放置すると株を弱らせるので、見つけたらすぐに、つけ根からかき取る。

Column

古くなった枝の処理

大きく育って古くなった枝や、何年も剪定していない枝は、1月下旬～2月の終わりごろに、低いところをノコギリなどで切ります。木質化した部分にも必ず芽があり春に生長します。切り口には必ず癒合剤（切り口の保護をする薬剤）を塗布します。

つるバラの誘引をしよう

つるバラの誘引・剪定のメカニズムは同じ

つるバラには多くの品種があり、春の開花後に枝が生長を続ける一季咲き性から、伸びて花が咲いた枝に何度か繰り返し咲く四季咲き性の品種の枝変わり（四季咲き性のバラが突然変異してできた品種）まで、枝の性質はさまざまです。しかし、冬剪定や誘引は同じようにできます。ここでは、四季咲き性のバラ以外の、枝の伸びる品種をすべてつるバラと考えます。

つるバラの剪定に関連した作業は、冬の剪定と誘引、花後の剪定、シュートの保護が主なものです。

なお、春の開花後に花後の剪定をかねて不要な枝を整理しておくと、冬の作業が軽減されます。

冬の剪定・誘引

つるバラを放任すると、咲かせたい場所には花が咲かず、また枝が四方に伸びて収拾がつかなくなります。毎年1回休眠期に冬の剪定・誘引をします。春に思い通りの場所に花が咲くように、花の咲く枝を調整します。

休眠期に誘引するのは、枝がしなやかで折れにくく、自由に曲げやすいからです。

[剪定のポイント]

1. 花が咲く枝を選んで残し、咲かなくなった枝や古くなった枝を抜き取り、新しい枝の発生に備える。翌年のために新しい枝を自分の欲しいところから出させることが冬剪定の大きな目的の1つ。
2. 前年伸びた枝の先を切り取り、生長点をなくす。
3. 大輪品種は強めに剪定をして大きな花を咲かせることに努める。
4. 中輪品種は枝先を切り取って生長を止める。細枝にも咲く品種が多いのでむやみに深く切らないで枝を残すようにする。
5. 小輪品種は細い枝によく咲くので無剪定でもよい。枝を残すと枝先が自然に遊んで美しい風景づくりができる。
6. 前年の開花枝も2〜3芽残して剪定する。
7. 一度咲いた枝は数年咲くが、年数が経つにしたがって花数は減ってくる。数年に一度、枝の世代交代をするとよい。
8. 開花の見込めない弱枝や枯れ枝はつけ根から剪定する。

あまり大きくならないバラなら、オベリスクやアーチといった構造物から壁面や窓辺など、さまざまに楽しめる。

誘引・剪定の準備

四季咲き性のバラに準じるが、つるバラの誘引・剪定では下記のものがあると便利。

グローブ ひもを結ぶことが多い場合は、薄手のグローブ。

防護メガネ つるバラなどの誘引では枝の跳ね返りがあるため防護メガネをするとよい。

結束用具 使いやすいものでよい。

切る枝の剪定基準　38ページ参照

各品種についてどの太さの枝が開花に適した太さなのかが、枝を「残すか残さないか」の基準になります。大輪・中輪種の場合、細枝は残して誘引しても花が咲かない場合があります。

大輪種 鉛筆かそれより太い枝を中心に残し、細い枝は切除する。

中輪種 お箸程度からそれより細めの枝も多めに残す。

小輪種 爪楊枝くらいの枝がよく咲く。逆に太い枝からは太い枝を出すものの花が咲かない場合がある。

4種類の枝の違いが分かれば、剪定・誘引はかんたん

　バラの咲く姿は優雅で幻想的。香り、花形、色、樹姿すべてにうっとりしますね。でも、冬の剪定・誘引が分からなくてバラ栽培にしり込みする方もいるのでは？

　じつは、4種類の枝が分かれば、大丈夫。もうバラはあなたの友達です。

　どんなバラも、**A**＝夏から秋、9〜11月に出た新しい枝、**B**＝春、花後に出た新しい枝、**C**＝春に花の咲いた枝、**D**＝前年もしくはそれ以前の古い枝、の4種類しかありません。

　もっとも重要なのは**B**で、一番花が咲く枝なので、主枝として扱います。次は**C**で、まだまだ活躍でき、また風情があるのでサブ的に使います。**D**は花が咲きにくくなっているので剪定を考えます。**A**はまだ枝が充実していないので翌年の枝にします。

　つまり、毎年**B**、**C**をメインにして**D**を剪定、**A**やあまった不要な枝を適宜処理すれば同じスペースでバラを楽しめるのです。しかし、シュートのあまり出ないバラは**D**を利用して、そこから新しい枝づくりをするので残しますが、新しい枝が出なくなったら剪定します。

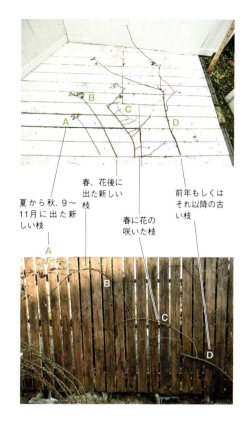

4種類の枝の見分け方・使い方

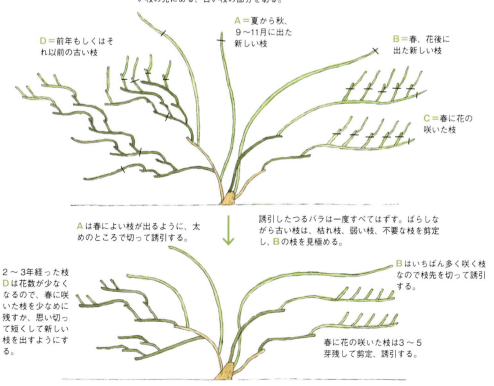

つるのどこに花は咲くの？

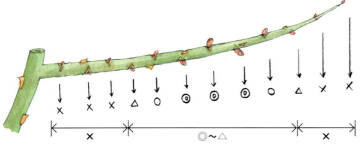

枝を支えるのに必要な太さと硬さなので、芽が出にくくて花が咲きにくい。

◎〜△くらいの芽を残して誘引すると、たくさん花が咲く。

太さが不十分で開花より生長が目的の部分なので、花が咲きにくい。

Column
冬に葉を取る理由

バラの多くは冬に落葉しますが、いつまでも葉が残っていることがあります。そんな時は葉を取りましょう。葉のない枝は水分が不要となって硬くしまります。すると、芽に枝の糖分が凝縮されて充実し、春によい花が咲いたりよい枝が伸びたりします。

つるバラの枝を横に誘引する理由

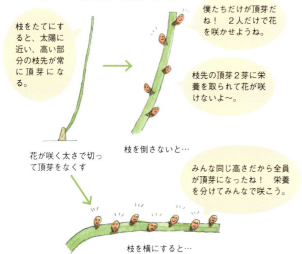

枝をたてにすると、太陽に近い、高い部分の枝先が常に頂芽になる。

花が咲く太さで切って頂芽をなくす

僕たちだけが頂芽だね！ 2人だけで花を咲かせようね。

枝先の頂芽2芽に栄養を取られて花が咲けないよ〜。

枝を倒さないと…

みんな同じ高さだから全員が頂芽になったね！ 栄養を分けてみんなで咲こう。

枝を横にすると…

枝を誘引する角度のポイント

大輪種

斜め上だと枝先にしか花が咲かない。

枝を真横にすると花がよく咲く。

中輪・小輪種

斜め上でもある程度花が咲く。枝を真横にするとなおさらよい。

ほふく性や下垂性の品種

横でも下垂させてもよく咲く。

Column
失敗しない、系統別の剪定・誘引作業の順番

家庭にいろいろな系統のバラがある場合、一季咲き性バラ→返り咲き性大型バラ→返り咲き性中型バラ→四季咲き性に近いシュラブローズ→四季咲き性大輪バラ→四季咲き性中輪バラ→四季咲き小輪バラの順番で行うと順調に剪定・誘引を行うことができます。
一季咲きのつるバラは開花のチャンスが春一度きりなので、早めに作業を終えるようにします。

[作業時期の目安]
一季咲き性バラ　12月初旬〜1月下旬
返り咲き性大型・中型バラ　12月初旬〜2月上旬
四季咲き性に近いシュラブローズ　1月初旬〜2月中旬
四季咲き性大輪バラ　1月初旬〜2月下旬
四季咲き性中輪バラ　1月初旬〜2月下旬
四季咲き性小輪バラ　1月初旬〜2月下旬

つるバラの誘引例

アイアンフェンスにオールドローズのルイーズ・オジェを。この品種は剪定してコンパクトにできるが、しなやかな枝を誘引して楽しみたい。鉛筆からお箸ほどの枝を中心に使う。

春の開花。まんべんなく枝を配し、下から上まで咲かせた。香りを楽しめるサイズ。枝がしなやかなバラは、樹木の下に誘引して咲かせてもおもしろい。

高さ3mの大きなオベリスクに、つるアイスバーグを。花枝が長い品種なので、咲く位置を計算して少し下のほうに誘引した。枝のしなやかな品種は誘引しやすい。

春にちょうどよい高さで花がまとまった。オベリスク仕立ては花後に上部の誘引を解き、低い位置で剪定してシュートの出る位置をコントロールする。

［誘引のポイント］

1. 誘引は花が咲いてほしい場所に咲く枝を配置する作業。
2. 前年に伸びた枝に多く花が咲くので、その枝を中心に誘引する。
3. 前年の開花した枝は、2〜3芽残して誘引する。
4. 樹形や枝の性質にあまり逆らわないように誘引する。たとえば、直立性のつるバラを低いフェンスに誘引してもうまくいかない。
5. 古くて咲かない部分に咲く枝を添わせるとよい。
6. 枝の始まりから花までの長さ（ステム）を考えて誘引する。
7. ステムの短い品種は、壁面や構造物に沿うように咲くので、咲かせたい場所を花で覆うことができる。
8. ステムの長い品種はやや高いところに咲かせて見上げたり、風で揺れる自然な風合いを楽しんだりするとよい。
9. 剪定・誘引の前に葉はすべて取り去る。

花後の剪定

花がらの整理と、返り咲きや繰り返し咲きをする株に次の花を咲かせるために行います。また、新しい枝を出させるためにも行います。

シュートの保護

おもに春の花後に伸びるシュートは、翌年の開花枝になるので、伸びるごとになにかに留めつけて折れないようにしておきます。

Column

つるバラの株元に枝を出す方法

株元に枝がなく上のほうだけに枝がある場合は、花後に古い枝を株元近くに大きく湾曲させて倒すように誘引しておくと、枝の途中から新しい枝が得られます。

花後の状態。

花後に枝を湾曲させる。

庭に苗を植えよう

庭植えでバラを楽しむ

庭や花壇に植えると、根が十分に張れるので、バラ本来のパフォーマンスが楽しめます。また、鉢植えとは異なり、根づいた株はよほど猛暑と乾燥が続いたりする時以外は、水やりの必要はありません。

庭ではオルラヤやジギタリスなどと植えると、植生が多様になってバラがさらに映える。

庭へ鉢苗を植える

鉢苗は通年入手、植えつけ可能です。ただし極端に暑い時期や凍結している時は避けましょう。

準備 鉢苗(コーネリア)、市販のバラの培養土、ゼオライト(根腐れ防止材)、肥料(元肥用の粒状タイプ)。

1 植え穴を直径50cm以上、深さ50cm以上掘る。

2 底にゼオライトを5cmほど入れる。

3 培養土を10cmほど入れる。

4 元肥を適量入れる。

5 元肥と培養土をよく混ぜる。

6 苗を置いた時に接ぎ口が出るくらいの高さまで培養土を加える。

7 鉢から苗を取り出し、根を確認する。根がまわりすぎていたら軽くほぐす。

Chapter 2 バラ栽培の基本を知ろう

8 植え穴に苗を置き、高さを調整する。

9 接ぎ口の出る高さまで培養土を入れる。

10 手で押さえて根鉢と培養土を密着させ、足りなければ培養土を加える。

11 ウオータースペースをつくって、たっぷり水をやる。

12 水が引いたら再度水やりし、培養土が足りなければ加える。

13 乾燥、凍結、雑草防止にヤシの実チップや牛ふん堆肥などでマルチングする。

完成　風の強い場所は支柱をし、品種ラベルは必ずつける。植えつけ後は乾燥しないように注意する。

大苗の場合の注意

大苗を11月後半〜2月中に入手した場合はなるべく早く植えつけます。植えつけ前に根を水に3〜4時間浸けてよく吸水させます。水から出した時に活力剤をつけ、根を広げて植えつけます。

Column

活力剤で根の生育を助ける

裸苗の植えつけや植え替えの時に、ひと手間かけて、根に活力剤をまぶしたり、希釈した液に浸けると、発根や生育がよくなります。

Column

接ぎ口を埋める？　出す？

どちらでも問題ありませんが、出して植えたほうが無難です。
接ぎ口を埋めると、穂木から自根が出るので、台木がネキリムシなどの被害にあっても再生できる、穂木がなんらかの原因で枯れても自身の枝が出る、品種本来の性質を発揮できるといった利点があります。また一方で接ぎ口から雑菌が侵入しやすい、台木の根の生長が止まって初期生育が悪くなるなどのリスクもあります。

Column

水はけを確かめる方法

大きな穴を掘ってバケツ1杯の水を入れ、はけ具合を確認します。5分以内に水がなくなるようであれば問題なし、10分以上経っても水がなくならない場合は水はけに問題があります。
かなり深く掘って水はけを改善するか、底に10cmほどゼオライトなどを入れるか、レンガなどで少し高くしてレイズベッド（立ち上げ花壇）にします。

植え穴にバケツ1杯の水を入れて水はけを確認する。

Chapter3

剪定・誘引は5つのタイプで解決！

あなたのバラはどんなバラ？　バラには5つのタイプがあります。
よく観察して、バラに合った剪定・誘引をしましょう。

すべてのバラは5分類で理解できる

どのバラにも当てはまる

　バラは長い年月を経て自然交雑や交配を繰り返したため、さまざまな樹形や性質の品種があります。本書では、花の咲き方や枝の性質などから、分かりやすく5つのタイプに分けました。

　まず、タイプⅠの規則正しい四季咲き性と、タイプⅤの原種の性質に近い一季咲き性があります。そのどちらにも当てはまらないものが「シュラブローズ（半つる性のバラ）」に分類される品種群です。このシュラブローズを3つのタイプに分けています。原種糸やオールドローズなどを除き、普段よく目にするバラは、ほとんどこの中に当てはまります。春以降の開花は、タイプⅠからタイプⅤに進むにしたがい、減少します。

　なお、日本はたてに長く、緯度、地域で気候や環境が大きく異なります。植物は環境に左右されるのでカタログ通りに育つとは限りません。バラをよく観察し、管理や使い方をこの5つのタイプで判断してください。

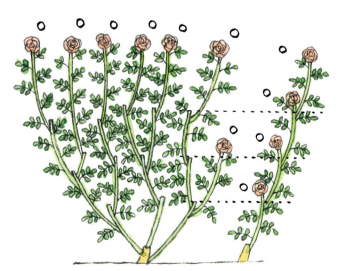

○…開花する
△…開花するかどうか分からない
×…開花しない

タイプⅠ　四季咲き性のバラ
春から秋までの生長期に伸びる新しい枝に、規則的に花が咲く。開花までにかかる日数で花の大きさが変わる。
カタログから見分ける…系統の項目にHT（ハイブリッドティ）、F（フロリバンダ）、Pol（ポリアンサ）、Min（ミニ）などと表示があり、四季咲き性ブッシュローズであれば樹高にかかわらずタイプⅠ。
咲き方と枝の伸び方で見分ける…春の花後、花が摘みをしたあとに出た枝の先に必ず花が咲くもの。真夏でも咲く。

Chapter 3 剪定・誘引は5つのタイプで解決！

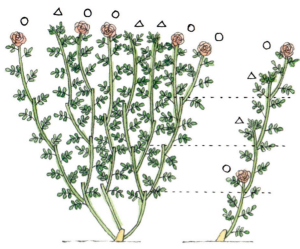

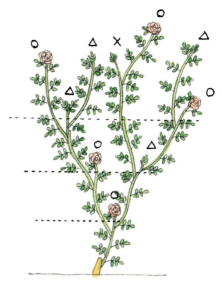

タイプⅡ　四季咲き性に近い小型シュラブローズ
シュラブローズではあるがタイプⅠに近く、やや不規則なものの春から秋までとてもよく咲く。
カタログから見分ける…四季咲き性シュラブローズ、小型シュラブローズと表示してあり、樹高が0.8〜1.2mであればタイプⅡ。
咲き方と枝の伸び方で見分ける…春の花後、タイプⅠと同じように枝がよく出て花が咲くが、枝が同じ太さなのに花が咲く枝と咲かない枝が混在する。

タイプⅢ　繰り返し咲き性の中型シュラブローズ
春の開花後、秋まで不定期に咲く。四季咲き性と一季咲き性の中間の性質をもち、現在販売されているバラにいちばん多い。
カタログから見分ける…四季咲き性つるバラ、繰り返し咲き性などと表示してあり、樹高が1.5〜2.0mの表示があれば多くはタイプⅢ。
咲き方と枝の伸び方で見分ける…春の花後、枝はよく伸びるが夏前から夏にかけて咲く。その後も人の背丈ほどになるが、秋にも不定期に花を咲かせる。

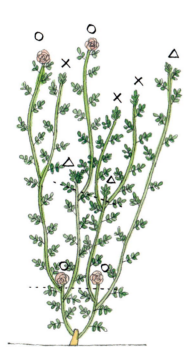

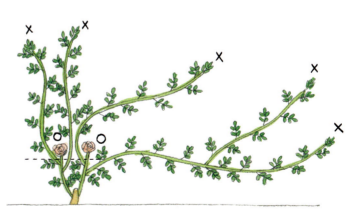

タイプⅣ　返り咲き性の大型シュラブローズ
春の開花後、大きく枝（つる）を伸ばす。春以降の開花は気候や気温、生育具合などの要因に左右され、秋も多少開花する。一季咲き性のつるバラの性質が色濃い。
カタログから見分ける…返り咲き性つるバラ、繰り返し咲き性と表示してあり、樹高が2.5m以上の表示があれば多くはタイプⅣ。
咲き方と枝の伸び方で見分ける…春の花後、部分的に咲くものの多くの枝は花が咲かないでぐんぐん伸びる。夏の終わりから秋にかけて再度咲くものが多い。

タイプⅤ　一季咲き性のバラ（つるバラ）
春の開花後、枝は生長を続けて大きく育ち、開花することはない。一部を除いて、大きなつるバラとして扱う。なかには秋まで不定期に花を咲かせる品種もある。
カタログから見分ける…一季咲き性つるバラもしくは一季咲き性シュラブローズと表示してあればタイプⅤ。
咲き方と枝の伸び方で見分ける…春に豪華に花を咲かせるが、その後は咲くことなく枝がぐんぐん伸びるタイプ（一季咲き性つるバラ）。もしくは、春の開花後、枝は出るがあまり伸びないのに花が咲かないタイプ（オールドローズなど）。

タイプⅠ・タイプⅡの剪定と管理

いちばん多くハサミを使うタイプ

タイプⅠ・タイプⅡは四季咲き性を有し、支柱を必要としない自立するタイプがほとんどで、ブッシュタイプ、木立性と呼ばれます。違いは、タイプⅡはタイプⅠよりも花の咲かない枝や伸びる枝が発生することがある点です。

タイプⅡの剪定はタイプⅠと同じく四季咲き性のバラに準じますが、夏剪定はタイプⅠより少し長めに枝を残します。短く切りすぎると、勢いのよい枝が出て花を咲かせずに終わることがあります。

タイプⅠ・タイプⅡのHow to

用途

庭や鉢植えに向きます。多少伸びるものは、四季咲きのアーチに仕立てることもできます。

剪定

ともに四季咲き性のバラの剪定を行います。

四季咲き性のバラは、剪定で人為的に頂芽をつくります。花が咲いたら剪定をすると、条件さえ合えば何度でも繰り返し咲きます。

肥料のやり方

伸びた枝によく花がつくので、肥料が必要です。春に芽が出てから秋に落葉するまで定期的に与えます。固形のバラ専用肥料なら１ヵ月に一度の間隔で与えます。食欲の劣る夏場などは液体肥料も効果的です。

タイプⅡのバラは、タイプⅠより少なめに与えるようにしましょう（70％くらい）。肥料が多すぎると、花が咲かずに枝の伸長が旺盛になってしまいます。

病害虫の注意

少しだけ病害虫管理に気を使いましょう。なぜなら、剪定を繰り返しいつも新しい枝を出すので、うどんこ病にかかりやすく、葉が充実しにくいためです。また、株が充実する間もなく何度も剪定をするため、いつも新しい枝ばかりで、葉の数が少ない状態です。少しでも葉を減らさないよう心がけましょう。

Column
バラの花の大きさと背丈の関係

ブッシュタイプのバラは花をつけると生長が止まります。
ミニバラは花が咲くまでの時間が短く何度も咲くので大きくなれません。中輪房咲きのバラはミニバラより花が咲くまでに時間がかかります。大輪のバラはさらに時間がかかります。おおよそ、花が大きくなるにつれ、花の咲く回数が少なくなり、その分背丈が大きくなります。

Column
四季咲き性バラの２つの性質

四季咲きバラの木の性質には２つのタイプがあります。
枝が樹木のように育つタイプは、背丈が高めで古い枝からもよく新しい枝が出るので、古い枝を多く残して育てていきたいバラです。もちろん株元から新しい枝も出てきます。
もう１つは、下から新しい枝がよく出てくるタイプです。古くなった枝は花を咲かせなくなっていきますが、株元から新しい枝が次々と出てきて咲きます。古くなった枝を新しい枝に更新するタイプです。

Column
新しい枝（シュート）が出たらどうするの？

シュートが出たら、30〜40cm伸びたところで枝先の芽の部分を手で摘み取ります（ソフトピンチ）。手で摘み取ると次の枝がきれいに出てきます。切り損ねるか、花が咲いてはじめてシュートに気づいたときは、そのまま咲かせてから切ってもかまいません。ただし、早く切ったほうが、翌年によい花を咲かせる枝になります。

意外と知らない枝の切り方のコツ

剪定する位置／水平に剪定する／芽／芽／芽／赤線で切ると養分と水分はそこまででストップします。

バラの枝は竹と同じ
節があることを考えて剪定しましょう！
竹と同じように芽が節になっています。

剪定のポイント
約1cm
芽の上を1cmくらい残して水平に切る
必ずこの節より1cm上で切る

残しすぎたら
残しすぎると枯れたところに水がたまり、下まで枯れ進んで頂芽も枯れる。

斜めに深く切りすぎたら
芽がある部分（節）までしか水分と養分は供給されないので、芽のない部分は枯れる。
この部分は枯れる。
残したかった芽がダメになってしまいます。

Chapter 3 剪定・誘引は5つのタイプで解決！

タイプⅠ・タイプⅡの冬剪定

1 冬剪定は、休眠期中に芽が動きだす前に行う。1〜2月中旬が目安。葉はすべて取り去る。

2 一番花の咲いた枝の半分ほどのよい芽の上で切る。

3 基本は外芽の上で切り、枝葉を外に展開させる。

4 枯れ枝や枯れ込んだ枝を整理する。

5 半分ほど剪定したところ。最初に切った枝の高さに合わせてバランスよく剪定していく。

6 混み合った枝、古い枝、細い枝を整理する。

7 半円形のようにバランスよく剪定して完成。

Column

ミニのつるバラで描く世界

バラを使ってさまざまな演出が可能です。工夫とアイデアでチャレンジしてみてください。

スタンダード仕立ての寄せ植え
アルコーブ（くぼみ）を利用して、スタンダード仕立てと草花で演出。

ローズベンチ
夢乙女などを誘引してベンチいっぱいに咲かせる。

タイプⅠのおすすめのバラ

タイプⅠは四季咲き性が強く、あまり大きくなりません。
剪定が分からなければ、花が咲いたら切り戻しましょう。

サイレント・ラブ
Silent Love 河本

【花径】8〜10cm
【高さ×幅】1.0m×0.6m
【香り】強香、ティをベースにミントと甘い蜂蜜の香りが混ざる。
【特徴】清潔感あふれるブラッシュピンクでウエーブのかかる四季咲き性大輪房咲き。枝は直立気味にやや大きく伸びて豪華に咲く。冬の剪定で短くしてコンパクトに仕立てたい。トゲは少なくて新しい枝によく花をつける。鉢植えで育ててベランダなどで楽しみたい。

ピンク・アバンダンス
Pink Abundance Hark

【花径】8cm
【高さ×幅】0.9m×0.7m
【香り】微香、ほのかなティ香。
【特徴】コンパクトで病気に強い。春の花つきのよさは驚くほどで5〜7輪ほどの房になって細い枝にもよく咲き、数年育てると株の上一面に咲くほどに。半横張りブッシュ樹形。他に赤花のレッド・アバンダンスやアプリコットのクリーム・アバンダンスもある。

アンナプルナ
Annapurna Dori

【花径】8cm
【高さ×幅】1.0m×0.8m
【香り】強香、甘いティベースのさわやかな香り。
【特徴】シルクホワイトの整った花形で、香りの強い白バラを探しているなら絶対おすすめ。四季咲き性が強く房咲き。枝は硬くてしっかりしていて半横張りに伸びるが、コンパクトでまとまりがよい。鉢植えにして夏の暑さを避け、雨の当たらないベランダなどで育てたい。

ジャンヌ・ダルク
Jeanne d'Arc   JS

【花径】10cm
【高さ×幅】0.8m×0.5m
【香り】強香、うっとりするようなアニスとフルーツの香りが混ざる。
【特徴】丸弁クォーターロゼットのカップ咲きの花は美しく香りも素晴らしい。切り花用として発表されただけあって、切って飾っても楽しめる。枝はトゲがやや多く、太く直立樹。新しい枝がどんどん出るので枝の更新をまめにするとよい。名前も姿も香りもよいバラ。

Chapter 3 剪定・誘引は5つのタイプで解決!

かおりかざり
Kaorikazari

FG

【花径】8〜10cm
【高さ×幅】1.0m×0.8m
【香り】強香、とても甘い南国フルーツの濃厚な香り。
【特徴】カップ咲きの豊満な大きめの花から漂うトロピカルな香りは素晴らしく、春と秋では少し花色が変化するが四季咲き性で絶えることなく秋まで咲き続ける。半横張り樹形でまとまりがよく、鉢植え向きの育てやすいバラ。枝変わりに黄色のりくほたるがある。

ラジオ
Radio

Trad

【花径】8〜10cm
【高さ×幅】1.2m×0.8m
【香り】中香、ツンとくる軽いさわやかなティの香り。
【特徴】スペイン生まれの名花。四季咲き性大輪で丸弁カップから平咲きに。オレンジベースに黄色やピンクの絞りが不規則に入り、季節によって多彩な顔を見せる。横張りのブッシュ樹形。樹勢が強くてまとまりがよく、花壇でも鉢植えでも育てやすい丈夫なバラ。

バーガンディ・アイスバーグ
Burgundy Iceberg

Trad

【花径】7〜8cm
【高さ×幅】0.8m×0.6m
【香り】微香。
【特徴】アイスバーグの枝変わりの四季咲き性中輪房咲き。トゲは少なく、しなやかな枝の半横張りでコンパクトな樹形。アイスバーグよりやや小さめになる。鉢植えでも庭植えでも楽しめる。枝変わりが多く、他にピンク、ブリリアント、ブラッシングなどがある。

ミツコ
Mitsouko

Del

【花径】8〜10cm
【高さ×幅】0.8m×0.6m
【香り】強香、スミレ、草原、木苺の香り。ゲランの香水の名にちなむ。
【特徴】人名ではなく、香水の名が由来。切り花として販売されていただけあって美しさと花もちは抜群。黄色の花の弁端にうっすらとピンクの縁どりがある。半横張りに伸びる枝はしっかりしていて中型のブッシュ樹形に。秋までとてもよく咲き、雨で傷むこともあまりない。鉢植えで育てたい。

セ・ミニョン!
C'est Mignon!

Matsuo

【花径】7〜8cm
【高さ×幅】0.8m×0.6m
【香り】強香、ミントのようにさわやかなブルーローズ&ティ。
【特徴】春はピンクベースのモーヴ、気温が低くなる秋には藤色に変わる中輪房咲きのバラ。晩秋まで途切れることなく咲き続け、花もちよく香りも楽しめる。ほとんどトゲのない硬めの枝は横張り気味の半直立樹形。鉢植えにしてベランダなどでコンパクトに楽しめる。

レイ
Rei

岩下

【花径】8〜10cm
【高さ×幅】1.2m×1.0m
【香り】強香、濃厚なダマスクモダンの香り。
【特徴】整ったロゼットは濃厚な香りを蓄え、春の美しさもさることながら秋の花は一際目立ち他を圧倒するほど美しい。花もちがよくて雨にも強い。枝は半横張りのコンパクトなブッシュ樹形で鉢植えにするとあまり大きくならずに楽しめる。病気にも強くて育てやすい。

タイプⅡのおすすめのバラ

四季咲き性がとても強いシュラブローズです。
ほぼ木立性のバラに準じますが、剪定と施肥に配慮するとより花を咲かせられます。

パット・オースチン
Pat Austin
 ER

【花径】8cm
【高さ×幅】1.5m×1.3m
【香り】強香、ティの温かみのあるさわやかな香り。
【特徴】銅色からオレンジ色の魅惑的な花色で、軽めのカップ咲き。数輪の房咲きで秋までよく咲く四季咲き性。枝はトゲがやや多く太くてしっかりしていて半横張りに伸びるシュラブ樹形。鉢植えなどでコンパクトにも、フェンスやアーチなどに大きく伸ばしても、咲かせられる。

プリンセス・アレキサンドラ・オブ・ケント
Princess Alexandora of Kent
 ER

【花径】10cm 【高さ×幅】1.2m×1.2m
【香り】強香、甘いティからレモンへ、最後にはスグリの香りに。
【特徴】イエローアプリコットを含むピンクのカップ咲きから大きなロゼット咲きへ。枝はしなやかで横に広がるように育つシュラブ樹形。細い枝にも大きな花が咲くのでややうつむき加減になる。背の高い鉢やスタンドの上などで咲かせると花が引き立つ。花色、花形の美しさと香りは他に代えがたい。

ダム・ドゥ・シュノンソー
Dames de Chenonceau
  Del

【花径】8～12cm
【高さ×幅】1.5m×1.2m
【香り】強香、柑橘系にアニスなどの混ざる香り。
【特徴】アプリコット色のディープカップのロゼット咲きで、大きな花はかたちが崩れることなく長く楽しめる。春は数輪の房咲きだが秋は一輪咲きに。トゲの少ない枝はしっかりしており、やや広がるように伸びる。鉢植えでコンパクトにも、大きく伸ばしてアーチやオベリスクにも誘引できる。

スヴニール・ドゥ・ルイ・アマード
Souvenir de Louis Amade
 Del

【花径】8～10cm 【高さ×幅】1.0m×1.0m
【香り】強香、アニスとタラゴンの魅惑的な香り。
【特徴】明るいモーヴピンクの美しいカップ咲き。耐病性抜群で晩秋までよく咲く四季咲き性。枝はトゲが少なく半横張りで開帳型にかたちよく広がる。シュートの発生もよく大きく育つのでアーチやオベリスク、窓辺などで咲かせたい。コンパクトにするなら冬剪定で短くするか鉢植えに。

Chapter 3 剪定・誘引は5つのタイプで解決！

ナターシャ・リチャードソン
Natasha Richardson

 シュラブ　Hark

【花径】8〜10cm
【高さ×幅】0.9m×0.9m
【香り】強香、シトラスベースにティを含みとても強く香る。
【特徴】3〜5輪の房咲きで細い枝にも大変よく咲く。耐病性、耐暑性に優れていて夏でも生育が止まることなく旺盛に育つ。鉢植えでコンパクトに楽しむことから、庭に植えて少し大きく育ててつるバラにすることも可能。

ブル・ドゥ・ネージュ
Boule de Neige

 シュラブ　Old

【花径】6〜8cm
【高さ×幅】2.5m×1.5m
【香り】強香、甘くて鼻にツンとくるダマスクの香り。
【特徴】春から秋までとてもよく返り咲くオールドローズ。まとまりのよい中輪ロゼット咲きで、香りもよい。枝はしっかりとして直立気味にかっちりとしていてトゲも少ない。背丈くらいのブッシュ仕立てにしても、大きく伸ばしてポールなどに咲かせてもよい。丈夫で育てやすい。

ポール・セザンヌ
Paul Cézanne

 シュラブ　Del

【花径】8〜10cm
【高さ×幅】1.2m×1.2m
【香り】強香、レモンとローズの香り。
【特徴】切れ込みの入るやわらかい花弁は、ピンクと黄色の品のよい絞り咲き。枝はしなやかで半横張り気味になり、おおらかなシュラブ樹形になる。やや大きめになるので鉢植えの時は冬の剪定でコンパクトにして、花が咲かない細い枝は間引く。

アンブリッジ・ローズ
Ambridge Rose

 シュラブ　ER

【花径】8cm
【高さ×幅】1.2m×1.0m
【香り】強香、特有の甘いアニスが強く香り印象深い。
【特徴】アプリコットのカップ咲きからロゼット咲きへ移ろうイングリッシュローズの代表的な品種。四季咲き性でよく咲き特に秋の花は素晴らしい。枝はしっかりと直立気味に伸びるがコンパクトでまとまった樹形。大きくならないので鉢植えや花壇前面で楽しみたい。

ルイーザ・ストーン
Louisa Stone

 シュラブ　Hark

【花径】8cm
【高さ×幅】0.8m×0.6m
【香り】強香、甘いティにアップルとオールドローズの香り。
【特徴】アイボリーホワイトから純白に変わる軽いロゼットの平咲きで3〜5輪の房咲き。半横張り気味に伸びる枝はしっかりしていて春秋ともによく咲く。樹勢が強く耐病性に優れるので初心者にもよい。コンパクトなので鉢植えや花壇の前面などに咲かせたい。

クレア・オースチン
Claire Austin

 シュラブ　ER

【花径】10cm
【高さ×幅】1.2m×1.0m
【香り】強香、強いアニスの香りにバニラが混ざる。
【特徴】クリーミーホワイトの美しいカップ咲きで、秋には黄色っぽく咲くことも。枝はトゲが少なく半横張り気味に伸びて細い枝にも比較的よく咲く。鉢植えではコンパクトなシュラブ樹形だが、庭に植えると意外と大きくなり、小型のつるバラとして扱える。

タイプⅢ・タイプⅣの剪定と管理

タイプⅢは特に理想的なバラ

タイプⅢは繰り返し咲き性の中型シュラブローズで、タイプⅣは返り咲き性の大型シュラブローズ（返り咲き性大型つるバラ）です。タイプⅢは花が咲きやすく、その分コンパクトです。

Column
雨の日は膝から下が高湿度

空気が湿度を含むと重くなって下方に集まり、黒星病の原因になります。ブッシュローズは鉢植えにして床から上げて管理、つるバラは腰から下に枝葉をつけないようにします。

タイプⅢのHow to
用途

窓辺や玄関、アーチやオベリスク、トレリス、樹形によっては低いフェンスに。風景を楽しむうえで重要な場所に使えます。

剪定・誘引

短く切って四季咲き性のバラのようにも、伸ばしてつるバラのようにも仕立てられます。枝ごとに両者を使い分けてもよいでしょう。どのようにもできるとても使い勝手のよい品種群です。

花後は、枝ごとに四季咲き性のバラと同じように剪定します。夏剪定は行いません。花が咲くたびに花がら摘みをすると、秋まで咲き続けます。

肥料のやり方

花が咲いたら花後に肥料を与えるのが基本です。花が咲かなかったら肥料は与えません。

病害虫の注意

花がよく咲くので、病気などで葉を落とさないようにします。梅雨時、秋の長雨時は予防や治療薬の散布をしましょう。

タイプⅣのHow to
用途

壁面や窓辺、フェンスなど少し広い場所に使いたい時にはタイプⅣを使います。タイプⅤほどは伸びず、秋にも多少花を楽しめます。

剪定・誘引

枝がしっかりして木立性の品種は四季咲き性のバラの剪定、枝がしなやかに横方向にどんどん伸びる品種はつるバラの剪定・誘引ができます。

しかし、あまり短く剪定すると勢いのよい太い枝がたくさん出て、しかも花が少なくなります。切る枝の太さは、咲く花の大きさに準じるようにします。

肥料のやり方

タイプⅢと同様に、花が咲いたら花後に肥料を与えるのが基本です。

病害虫の注意

春以外にも花が咲く品種は病気などで葉を落とさないよう、梅雨時、秋の長雨時は予防や治療薬の散布をしましょう。

タイプⅢ、タイプⅣを自在に咲かせる
四季咲き性のバラのように咲かせる枝とつるバラのように咲かせる枝をうまく配置すると、全体に花を咲かせられる。

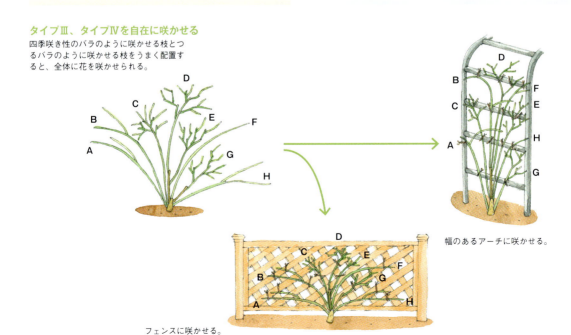

フェンスに咲かせる。

幅のあるアーチに咲かせる。

Chapter 3 剪定・誘引は5つのタイプで解決！

タイプⅢをフェンスと柱に咲かせる

春の開花。枝を使い分けて上手に剪定・誘引すると、一面に咲かせることができる。

1 冬の剪定・誘引前の状態。

2 すべての枝をはずして構造物から離す。

3 枝をおろし、葉をすべて取り除く。

4 花の大きさに合わせて、花が咲く太さまで切り戻す。古枝なども剪定。

5 四季咲き性のバラのように咲かせる枝を選ぶ。

6 *5*の枝を誘引する。

7 まんべんなく咲くように枝配りして仕上げる。

Column
枝先を残しておくとよい

冬の剪定・誘引作業でつるバラを構造物からはずすときに、葉を落とします。その時、枝先の葉を残しておくと、枝の目印になり、また枝先の跳ね返りに気づきやすくなるので、作業が楽になります。
葉を取るのは、黒星病などの感染予防、枝や株の全体像の把握、休眠させる、枝をまとめやすくするためです。

Point!

四季咲き性のバラのように咲かせる枝先をたくさん残すように剪定する。

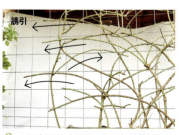

誘引

8 つるバラのように咲かせる枝を誘引する。

完成

枝を更新しながら毎年同じスペースに仕立てる。*5*と*8*の組み合わせで仕上げていく。

タイプⅢのおすすめのバラ

春から秋まで四季咲き性のバラほどではないけれどよく咲きます。
四季咲き性と一季咲き性の中間で、剪定と仕立てでどのようにも管理できます。

ラ・ローズ・ドゥ・モリナール
La rose de Molinard Del

【花径】8～10cm
【高さ×幅】1.5m～×1.2m
【香り】強香、グレープフルーツ、ローズ、スミレ、ライム等の香りが混ざる。
【特徴】コーラルピンクで素晴らしい香りをもつ花が房になって咲く。四季咲き性が強く晩秋までよく咲く。枝はしっかりとやや直立気味に大きく伸びる。シュートの発生がよく生育旺盛なので壁面やポール、オベリスクなどに伸ばして咲かせるとよい。晩秋の赤い枝や葉も美しい。耐病性抜群。

ジュード・ジ・オブスキュア
Jude the Obscure ER

【花径】10cm
【高さ×幅】1.5m～×1.5m
【香り】強香、シトラスが強くティや白ワインも混ざるうっとりする香り。
【特徴】濃厚なフルーツ香をもつアプリコット色で、カップ咲きの代表品種。よく返り咲く。枝はトゲが少なく張りがありしっかりとよく伸びる。半横張りの大きなシュラブ樹形。鉢植えは冬に剪定で小さくする。庭植えはつるバラとして大きく伸ばし、窓辺や壁面、アーチなどで咲かせると豪華。

ローズ・ポンパドゥール
Rose Pompadour Del

【花径】10～12cm
【高さ×幅】1.5m～×1.2m
【香り】強香、レモングラス、ローズ、ライラックにスパイスが潜む。
【特徴】ラベンダーピンクのディープカップから美しいロゼットに。大きな花はうつむき加減に、夏も秋もとてもよく咲く。枝はしっかりしていて半横張りに大きく伸びる。枝をよく伸ばして壁面やアーチなどに仕立てるとよい。鉢植えでも枝を伸ばして肩より上で咲かせたい。耐病性が強く生育旺盛。

ローブ・ア・ラ・フランセーズ
Robe a La Francaise 河本

【花径】10～12cm
【高さ×幅】1.5m～×1.2m
【香り】微香、軽い草原の香り。
【特徴】春はピンクにブラウンアプリコット、秋にはモーヴピンクにブラウン、いずれも咲き進むとグレーにトーンを落とし、しかも房になって豪華に咲く。半横張り気味に大きく伸びる枝は太くしっかりしており、比較的トゲは少ない。つるバラとして楽しみたい。

Chapter 3 剪定・誘引は5つのタイプで解決！

リパブリック・ドゥ・モンマルトル
Republique de Montmartre — Del — シュラブ

【花径】8～10cm
【高さ×幅】1.5m～×1.5m
【香り】強香、ローズとフランボワーズの濃厚な香り。
【特徴】香り高いクリムゾンレッドの大きな花は夏も秋もとてもよく咲き華やか。枝は大きく横張り気味に伸び、そのままにしておくとドーム状になる。枝をまっすぐ立ち上げてオベリスクやポールに誘引して肩より上でうつむき加減に咲かせるとよい。耐病性があり生育旺盛。

ゴールデン・セレブレーション
Golden Celebration — ER — シュラブ

【花径】12cm
【高さ×幅】1.8m～×1.2m
【香り】強香、シトラスとライチの混ざる濃厚なフルーツ香。
【特徴】明るい黄色で大輪の見事な整った花は他にない。枝は半横張りに大きく伸びるシュラブ樹形。シュートがよく出るので、古い枝を更新すると花がよく咲く。枝を大きく伸ばしてアーチや窓辺などで咲かせてうつむき加減の花と香りを楽しみたい。軒下で栽培すると黒星病の心配が少ない。

ダフネ
Daphne — RO — シュラブ

【花径】6～7cm
【高さ×幅】1.5m～×1.2m
【香り】中香、独特のやさしい香り。
【特徴】大きく波打つ華やかな花弁、セミダブルの花は房になってはじめは淡いピンク、次第に薄くなり、はてはグリーンに。その後も散ることなく咲き続ける。春から晩秋までとてもよく咲く強い返り咲き性。半横張りによく伸びるので小さなつるバラとして楽しみたい。

プリンセス・シビル・ドゥ・ルクセンブルグ
Princess Sybille de Luxembourg — Orard — シュラブ

【花径】6～7m
【高さ×幅】1.5m～×1.5m
【香り】強香、独特でスパイシーな香りが辺りを漂うほどに香る。
【特徴】房咲きで、秋までとてもよく咲く。枝は硬くなく、まとまりのよいシュラブ樹形。短く剪定してコンパクトにも、伸ばして小さめのつるバラとしてオベリスクやアーチにも誘引できる。耐病性、耐暑性、耐寒性に優れ初心者にも向く。

カーディナル・ヒューム
Cardinal Hume — Hark — シュラブ

【花径】6～7cm
【高さ×幅】2.0m～×2.0m
【香り】中香、ツンとくるスパイスの香りが軽やか。
【特徴】中輪房咲きで、秋までよく返り咲く。枝はしなやかなでおおらかに広がるシュラブ樹形。小さな壁面やアーチ、窓辺など使い道は多彩。軒下なら病気の心配なく楽しめる。珍しい花色をお探しならぜひこのバラを。

カクテル（ピンク・カクテル）
Cocktail — Maill — シュラブ

【花径】6～8cm
【高さ×幅】2.0m～×2.0m
【香り】微香。
【特徴】つるバラとして紹介されているがコンパクトにもできる、とてもよく返り咲くバラ。一重で中心が黄色くなる。早咲き。硬い枝がしっかり伸びる大きなシュラブ樹形。伸ばして壁面まで飾れるが、鉢植えでコンパクトに仕立ててもよい。枝変わりのピンク・カクテルもある。

タイプⅣのおすすめのバラ

おもに春と秋に開花します。
春の開花後に枝を長く伸ばすので、少し広い場所でも楽しめます。

ピエール・ドゥ・ロンサールの白花の枝変わり、ブラン・ピエール・ドゥ・ロンサール。

ピエール・ドゥ・ロンサール
Pierre de Ronsard　シュラブ　Maill

【花径】10〜12cm
【高さ×幅】3.0m〜×2.0m
【香り】微香
【特徴】だれもが愛する名花。豊満なカップ咲きからゆるく開くさまは他を寄せつけないほど美しい。枝はしっかりして大きくよく伸びる半横張りの大きなシュラブ樹形。枝を伸ばして大きな壁面に咲かせることもできるが、ブッシュローズのように剪定しコンパクトにしてアーチにも。白花の枝変わりも。

ジャクリーヌ・デュ・プレ
Jacqueline du Pre　シュラブ　Hark

【花径】8〜10cm
【高さ×幅】2.0m〜×2.0m
【香り】強香、コショウのような強いスパイシーな香り。
【特徴】真っ赤なしべを抱え込むように咲く個性的な名花。スパイスの香りも独特。枝は細かいトゲが多くあるが触ってもあまり気にならず、しなやかで扱いやすい。シュートはよく出る。斜め横に散開状に広がって伸びる中型のシュラブ樹形。鉢植えでコンパクトにもできる。

ジンジャー・シラバブ
Ginger Syllabub　シュラブ　Hark

【花径】7〜8cm
【高さ×幅】2.5m〜×2.0m
【香り】中香、ショウガのようにツンとくるさわやかな甘い香り。
【特徴】外側の花弁にしっかりと包み込まれた整った深いカップロゼットの花は、3〜4輪の房に。葉は薄緑で、枝はしっかり横張り気味に大きく伸びる。シュートの発生はよく、数年で大きなつるバラに仕立てられる。耐病性、耐暑性に優れ生育旺盛。

サンセット・グロウ
Sunset Glow　クライミング　Warner

【花径】7〜8cm
【高さ×幅】2.0m〜×1.5m
【香り】強香、青リンゴから次第にフルーツ系の甘い香りに。
【特徴】花弁はやわらかいウエーブがかかり、濃いめのオレンジからアプリコットまで楽しめる中輪房咲き性。秋までよく返り咲く。枝はしなやかで生育旺盛。とても誘引しやすくて扱いやすいので大きめの壁面や窓辺に向く。耐病性も強くて育てやすいつるバラ。初心者にもおすすめ。

Chapter 3 剪定・誘引は5つのタイプで解決！

ガートルード・ジェキル
Gertrude Jekyll

シュラブ / ER

【花径】10cm
【高さ×幅】2.0m〜×1.5m
【香り】強香、さわやかなオールドローズの香り。
【特徴】浅いロゼット咲きで数輪の房咲きになる。返り咲き性だがはじめの数年はほとんど一季咲きに。細かいトゲの多いしっかりした枝が半横張りにとても大きく伸びる。鉢植えならオベリスク仕立てなどで楽しめ、秋にも返り咲く。大きく伸ばして壁面やフェンスなどで咲かせたい。

グラハム・トーマス
Graham Thomas

シュラブ / ER

【花径】10cm
【高さ×幅】3.0m〜×2.0m
【香り】強香、濃厚な甘みを含むティローズの香り。
【特徴】ステムの長い黄色い花が数輪房になって咲く。返り咲き性。枝はしっかりとして半横張り気味に伸びる。とても大きく育つ品種なので鉢植えでもオベリスク仕立てなどに。庭植えなら大きな壁面や背の高いフェンスなど、スペースのあるところに咲かせたい。

クレプスキュル
Crépuscule

シュラブ / Old

【花径】7〜8cm
【高さ×幅】3.0m〜×3.0m
【香り】中香、強くはないもののティのさわやかな香り。
【特徴】赤みを帯びた枝に春にはクリームイエロー、秋には鮮やかなオレンジの花が咲く。トゲは少ない。少し時間がかかるが大きく育てて窓辺や壁面、パーゴラなどで豪華に咲かせることができる。シュートの発生は少ないので古い枝も大切にしたい。コーネリアと一緒に植えたいバラ。

コーネリア
Cornelia

シュラブ / Old

【花径】5〜6cm
【高さ×幅】3.0m〜×2.0m
【香り】中香、甘みを含むティの香り。
【特徴】春は淡いアプリコット、秋には濃いピンクを帯びる小輪房咲きの返り咲き性。枝はトゲがほとんどなく扱いやすい。シュートはよく出る。枝はとても伸びるのでつるバラとして楽しみたい。壁面やフェンス、パーゴラ、または短く剪定して鉢植えにも。自由度の高いおすすめのバラ。

バフ・ビューティ
Buff Beauty

シュラブ / Old

【花径】7〜8cm
【高さ×幅】2.0m〜×1.5m
【香り】強香、ティと濃厚な甘い香りが混ざる。
【特徴】春は淡いオレンジアプリコット、秋にはオレンジに咲く中輪房咲きの返り咲き性。枝は太くてしっかりしていて半直立に大きく伸びる。花は房の重みでうつむき加減に咲くので、枝を高い位置に配して肩より上で咲かせたい。耐病性が強いのでスペースがあれば初心者にも。

フェリシア
Felicia

シュラブ / Old

【花径】7〜8cm
【高さ×幅】2.0m〜×1.5m
【香り】強香、とても甘いティの香り。
【特徴】クシュクシュとした可憐な花が大きな房になって秋までとてもよく咲く。トゲの少ない硬い枝が半直立に大きく伸びる。壁面やアーチに仕立ててもよいし、短く切ってコンパクトなブッシュ樹形で鉢植えにしてもよい。やさしい雰囲気の庭づくりに最適。

タイプVの剪定と管理

タイプV 一季咲き性のバラ(つるバラ)

ほぼ春のみ開花(一部、初夏や秋に返り咲き)するタイプで、原種系、オールドローズ、モダンローズの枝変わりなどがあります。とても大きくなるものやトゲのきついものがあるので、品種選定や植える場所に注意します。

> **Column**
> **トゲは取ってもよいの？**
>
> バラのトゲは、何かにつかまって枝を伸ばすためとか冷却機能があるためといわれます。2年目以降、茶色くなるまでは取らないようにしましょう。

タイプVのHow to
用途

壁面やフェンス、パーゴラなどによく使われます。ただし、樹形とサイズ、枝の性質は品種によりまちまちです。四季咲き性のバラのように剪定すると花が咲かない品種が多くあります。

剪定・誘引

つるバラの剪定・誘引を行います。4つの枝の見分け方を参考にして、できるだけ新しい枝を利用しましょう。また、花後の新しい枝の出る位置を考えましょう。

肥料のやり方

12〜2月初めまでに寒肥を与えます。その後は、春の開花後に与える程度。花後につるが伸びないようであれば、適宜与えます。

病害虫の注意

大きく育つ品種であまり薬剤散布をしなくてもよいものもありますが、春の開花までは病気には注意が必要です。

タイプVの剪定・誘引

つるバラの誘引・剪定は、作業する人の感性が試されます。分かるととても楽しくなります。

開花
アッシュ・ウェンズデイがたわわに咲く。毎年の剪定・誘引により、同じスペースで咲かせられる。

1 誘引前の状態。

2 すべての枝をはずす。はずさないで誘引すると下から枝が出てきにくくなる。

3 細い枝、古い枝、枯れ枝、混み合った枝を整理し、花が咲く太さまで切り戻す。

4 4年以上経った古い枝や枯れ枝は株元から切除する。

5 剪定した枝。

※モッコウバラやナニワノイバラなど常緑性のバラの葉は取らないようにします。

Chapter 3 剪定・誘引は5つのタイプで解決！

6 よい花が咲きそうな枝から、バランスを考え誘引していく。

7 枝先を軽くカーブさせ、咲いてほしい位置に留める。

8 誘引しながら仕上げていく。切り口を多くすると、花も多くなる。

9 枝と枝のあいだは、握りこぶし1〜2つほど離す。

10 枝と枝を留めると立体的になる。誘引の際は、きつく縛りすぎないようにする。

11 誘引中は何度か全体のバランスを確認し、片寄らないように注意する。

12 誘引は冬の葉のないときの姿を美しく見せるために重要。

13 誘引の途中までは古枝をある程度残し、不要なら最後に切除する。

14 すべて留めてから、最後に枝先の調整をする。

完成
剪定前、剪定後、開花時の写真を撮っておくと、よく理解できるようになる。

Column

ステープラーや テープナーで作業を楽に

板塀などで傷つけても大丈夫な場合は、ステープラーが便利です。また、テープナーはワンタッチで枝の結束ができます。

ステープラーは壊れにくいものに。

ステープラー

テープナー

テープナーはワンタッチで枝が留められるので、便利。

テープは光分解する。

タイプⅤのおすすめのバラ

一季咲き性や返り咲き性のバラです。たわわに咲く代わりに、旺盛に枝を伸ばして大きく育つので、誘引と剪定が大切です。

コンスタンス・スプライはイングリッシュローズ第1号の品種。

つるアイスバーグ
Iceberg, Climbing

【花径】7〜8cm
【枝の長さ】3.0m〜
【香り】微香。
【特徴】四季咲き性のアイスバーグの枝変わりで、一季咲き性の中輪房咲き。枝はトゲがほとんどなく、しなやかでよく伸びる。誘引もしやすくて小さなアーチやオベリスクにも誘引ができるが、大きく伸ばして壁面などに咲かせたほうが魅力がある。葉も淡い緑で草花や宿根草などとの組み合わせもしやすい。

アッシュ・ウェンズデイ
Ash Wednesday

【花径】6〜8cm
【枝の長さ】2.5m〜
【香り】中香、強くはないものの軽めのティの香り。
【特徴】灰紫色のロゼット咲きの花は、花つき花もちともによい。一季咲き性で病気にかかりやすいが、そんなことは気にならないほど美しい。枝はトゲが多いが、細くしなやかで扱いやすくとてもよく伸びる。シュートがよく出るので古い枝を新しい枝と更新させると、たくさん花が咲く。肩より上で咲かせたい。

ギスレーヌ・ドゥ・フェリゴンデ
Ghislaine de Ferigonde

【花径】5〜6cm
【枝の長さ】3.0m〜
【香り】中香、ほんのりしたティの香り。
【特徴】黄色から白へと退色していくのでグラデーションが美しい。大きな房になって株一面に咲く。枝はトゲがほとんどなく硬くしっかりしていてよく伸びる。シュートの発生もよく、壁面、ポールなど咲かせられるシーンがたくさんあり利用価値が高い。ブッシュローズのような剪定でも咲く。

つるクリムゾン・グローリー
Crimson Glory, Climing

【花径】10〜12cm
【枝の長さ】3.0m〜
【香り】強香、甘いダマスクの香りがとても強くて辺り一面に香るほど。
【特徴】四季咲き性の品種の枝変わり。シックな花がうつむき加減に咲く。ステムが短いので咲かせたい場所に枝を誘引すると希望通りに咲かせることができる。枝は太くてトゲが多い。斜め上に大きく伸びるので壁面や窓辺などに伸ばして肩より上で咲かせたい。特におすすめのバラ。

Chapter 3 剪定・誘引は５つのタイプで解決！

コンスタンス・スプライ
Constance Spry ER

【花径】10cm
【枝の長さ】3.0m〜
【香り】強香、強いアニスの香り。
【特徴】ブライトピンクの抱え込むようなカップ咲きの一季咲き性。細かいトゲが多いしなやかな枝はとてもよく伸びてシュートもよく出る。花つきが抜群で大きな壁面や窓辺など広いところをこの花で埋めつくしたい。イングリッシュローズ第1号。つるバラとしてぜひ迎え入れたい品種。

シティ・オブ・ヨーク
City of York C&R

【花径】7〜8cm
【枝の長さ】4.0m〜
【香り】中香、スパイシーな軽い香り。
【特徴】白いつるバラを一面に咲かせたいなら、病気に強いこのバラがおすすめ。クリーム色のセミダブルで、照葉。枝が横に伸びて大きくなるのでフェンスや壁面などをおおうことができる。シュートがよく出て健康に育つ。一季咲き性の早咲きで、スパイスの香りもさわやか。

スパニッシュ・ビューティ
Spanish Beauty C&R

【花径】10〜12cm
【枝の長さ】4.0m〜
【香り】強香、甘いフルーツとティを含む強い香り。
【特徴】ひらひらとウェーブのかかるセミダブルの花はうつむき加減に株一面に咲く。だれよりも早く咲き、注目度抜群。秋には大きなローズヒップも。太い枝が半横張りに大きく伸びる。広い壁面や高いパーゴラなど見上げるようなところで咲かせたい。シュートもよく出て育てやすい。

フランソワ・ジュランビル
François Juranville C&R

【花径】5〜6cm
【枝の長さ】5.0m〜
【香り】中香、甘く軽いティの香り。
【特徴】中輪房咲き一季咲き性のピンクの花は香りもよい。トゲのほとんどない枝はしなやかに横にどんどん伸びる。長いフェンスや高い場所に誘引して咲かせてもよい。鉛筆くらいの太さなら短く剪定してもよく咲くのでコンパクトにできる。照葉で耐病性抜群、初心者でもOK。

ドロシー・パーキンス
エクセルサ（レッド・ドロシー・パーキンス）

ドロシー・パーキンス
Dorothy Perkins C&R

【花径】3〜4cm
【枝の長さ】5.0m〜
【香り】微香。
【特徴】小輪の大房咲き、一季咲き性。遅咲き。トゲの鋭い細くてしなやかな枝が地を這うように豪快に伸びる。低い長いフェンスに這わせたり高いポールに留め上げて上から下垂させるように咲かせてもきれい。枝変わりにエクセルサ（赤花）、ホワイト・ドロシー・パーキンスがある。

ポールズ・ヒマラヤン・ムスク
Paul's Himalayan Musk C&R

【花径】5〜6cm
【枝の長さ】5.0m〜
【香り】微香。
【特徴】桜色の小輪房咲き性の一季咲き。はらはらと散る様子はまるでサクラ。細かいトゲの多い細い枝が豪快に伸びる。家を覆うくらいよく伸びるが、細いところで切ればある程度短くしても花はよく咲くので、大きさをコントロールできる。古い枝にはあまり咲かないので枝の更新を。

3方を壁に囲まれた場所にピエール・ドゥ・ロンサールを。気をつけたいのは、水はけのよい土、まわりに大きな植物を植えない、肥料を与えすぎないこと。

サクラの下にアーチを使って仕立てたザ・ダーク・レディ。タイプⅡやⅢのバラはちょうどよい高さにできる。木の下や北側には半日陰でも育つバラを選ぶ。

イングリッシュローズのエグランタイン（マサコ）。風通しをよくする工夫で、半日陰でも株全体に咲かせられる。

半日陰でもよく咲くおすすめのバラ

半日陰でもバラを楽しみたい

　バラは本来、日照条件のよい環境で育つ植物です。でも、育てる場所がずっと日の当たる場所ばかりではありませんね。
　1日5～6時間以上日光が当たればほとんどのバラは花を咲かせます。ここでは日照が4～5時間で育つバラを取り上げます。
　植物は光合成によりタンパク質をつくっています。日照が少ないと養分が足りないので花芽ができず、枝は光を求めて上に伸びるので軟弱な間延びした株になります。

日陰に強いバラを選ぶ

　日照が弱い環境でも花が咲きやすい条件はたった1つ！「少ない力で咲けること」です。
　咲くための養分を必要としない、小輪・中輪系、花弁数が少ない、花つきのよい一季咲き性のバラが適しており、もともと植物のあいだを這うように育つほふく性のバラも耐陰性があります。
　ただし、いかに日陰に強い品種とはいえ、よい環境で育つよりは花数、樹勢が落ちます。枝ぶりが華奢になりますが、それも風情と感じる心のゆとりをもって、環境にバラが慣れるのを待ちましょう。

Column

日なたと日陰

日陰は1日中日の当たらない場所ではなく、園芸用語では、日なた＝6時間以上日が当たる、半日陰＝1日4～5時間日が当たる、日陰＝1日3時間程度日が当たる場所です（諸説あり）。

日照が4～5時間でも育つバラ

オールドローズのガリカ系、ダマスク系、ノワゼット系の中輪以下の品種、原種に近い小輪・中輪系のバラ、小輪の花をたくさん咲かせ横に大きく伸びるランブラー系などに適性があります。
アイスバーグ／アリスタ・ステラ・グレイ／カーディナル・ドゥ・リシュリュー／ギスレーヌ・ドゥ・フェリゴンド／紫玉（しぎょく）／シティ・オブ・ヨーク／スノーグース／つるサマースノー／バレリーナ／プリンセス・ドゥ・ナッソウ／マダム・アルディ／マダム・フィガロ／ラマルク／レダ／レーヴ・ドール　など

環境や管理で気をつけたいこと

1. 葉を減らさないこと
病虫害などで葉が減ると極端に生育が遅くなります。風通しにも注意します。

2. 水やりに注意
光合成があまりできないので、条件のよい場所と同じように水やりすると過湿になります。土の乾き具合に注意します。水はけのよい用土にしましょう。

3. 風通しをよくする
風が通り空気が動くと、日陰による多湿や病害虫の軽減になります。

Chapter 3 剪定・誘引は5つのタイプで解決！

スノー・グース
Snow Goose

クライミング / ER

【花径】5cm
【高さ×幅】3.0m～×2.0m～
【香り】軽いムスクの香り。
【特徴】純白の小輪房咲きで中心の黄色いしべが特徴。花つきは抜群で、夏も秋もよく咲きローズヒップも楽しめる。枝はトゲがほとんどなく直立気味に大きく伸びる。はじめの数年は生長が遅め。パーゴラや壁面に豪快に咲かせることも剪定でコントロールすることもできる。耐病性も抜群で多少の悪条件は克服。タイプⅣ。

マダム・アルディ
Mme Hardy

ブッシュ / Old

【花径】6～8cm
【高さ×幅】2.0m×1.0m
【香り】強香、甘いダマスクがとても強く香る。
【特徴】香り高いダマスクローズの名花。繊細な純白の花弁がゆるく波を打って咲き、中心にはグリーンアイがのぞく。しなやかな枝がきれいに広がり、まとまりのよい散開状に。小型のつるバラとして扱うとよい。ぜひトライしたいオールドローズの1つ。タイプⅢ。

バレリーナ
Ballerina

シュラブ / Old

【花径】3～4cm
【高さ×幅】2.0m×1.5m
【香り】微香。
【特徴】中心が白い、ピンクの花が大きな房になって秋までよく返り咲く小輪一重咲き。太くてしっかりした枝がよく伸び、中くらいのつるバラとして楽しみたい。アーチや窓辺、オベリスクなどを花でいっぱいにできる。秋にはローズヒップも楽しめる。タイプⅢ。

ブラッシュ・ノアゼット
Blush Noisette

シュラブ / Old

【花径】5～6cm
【高さ×幅】2.0m×2.0m
【香り】中香、ムスクの香りに少し甘みがのる。
【特徴】古くから愛されているオールドローズ。小輪で淡いピンクの花が大きな房になって咲く。とてもよく咲くので、ブッシュ仕立てにもできる。花がらを早めに切り取って枝を伸ばすようにすると小さめのつるバラとしても楽しめる。タイプⅢ。

メアリー・ローズ
Mary Rose

シュラブ / ER

【花径】7～8cm
【高さ×幅】1.5m～×1.2m～
【香り】オールドローズ香にミルラの混ざる甘い香り。
【特徴】マイルドなピンクでカップロゼットのまとまりのよい花が数輪の房咲きになって株一面に咲く。秋にも返り咲き半日陰でもよく咲く。トゲは小さく枝はしなやかで、直立気味に伸びるが容易に誘引できる。伸ばして窓辺やアーチ、オベリスク仕立てに。剪定でコンパクトにも仕立てられる。タイプⅢ。

マダム・フィガロ
Madame Figaro

ブッシュ / Del

【花径】8～10cm
【高さ×幅】1.0m×0.8m
【香り】中香、レモン、アニス、ローズの軽やかな香り。
【特徴】しなやかな枝にやや大きめの花が、数輪の房になって少しうつむき加減に咲く姿が可憐。四季咲き性。コンパクトな樹形で鉢植えに向くが、少し高いところに咲かせて見上げるように楽しみたい。数時間の日照でもとてもよく咲く。タイプⅢ。

病気に強いおすすめのバラ

薬剤散布をしたくない

薬剤散布はできればしたくないものです。そのためには、病気に強いバラを選びます。

病気に強いといっても、
1. ほとんど病気にかからない品種
2. 病気にかかるが、生育が旺盛なため早く回復する品種

の2通りがあり、葉に光沢があって厚みのある品種、四季咲き性より一季咲き性に近い品種、原種もしくは原種に近い品種などに適性があります。

しかし、病気に強いといっても栽培環境や栽培方法に問題があれば、やはり病気にかかってしまいます。

環境や管理で気をつけたいこと

1. **すみ心地をよくする**
   日当たりと風通しがよく、水はけのよい肥沃な土壌で育てます。
2. **水管理も大切**
   極端に水を控えたりやり過ぎたりせず、土の乾き具合に注意しながら与えます。乾いたらたっぷり与えるという習慣をつけ、「朝起きたらとにかく水やり」は禁物です
3. **暴飲暴食はさせない**
   肥料は規定量以上を与えないようにします。肥料分が多いと病気を誘います。

Column

病気に強くて育てやすいバラ

つるバラとして扱える品種
- シティ・オブ・ヨーク
- ローゼンドルフ・シュパリースホープ
- ギスレーヌ・ドゥ・フェリゴンビ
- フランソワ・ジュランビル
- ナエマ
- ペネロープ
- バフ・ビューティ

木立性の品種
- ノックアウト・シリーズ
- ローズシネルジック
- ジェネラシオン・ジャルダン
- ノヴァーリス
- シャリマー
- ジェームズ・ギャルウェイ

北側に面した壁面に優雅に咲くクレプスキュル。壁の色との調和もよい。日当たりがよくないが高いところで咲かせて解決。風通しを確保できるので病気にもかかりにくい。

Chapter 3 剪定・誘引は5つのタイプで解決！

ダブル・ノック・アウト
Double Knock Out 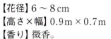 Maill

【花径】6〜8cm
【高さ×幅】0.9m×0.7m
【香り】微香。
【特徴】晩秋まで咲く四季咲き性で、乾燥と病気にとても強く、やせ地でも育つバラ。剪定以外ほとんどメンテナンスフリー。ノックアウトシリーズには一重、半八重、八重咲き、白・ピンク・赤と多彩なバリエーションがある。管理のできないところでも咲く初心者にも向く品種。タイプⅠ。

クラウン・プリンセス・マルガリータ
Crown Princess Margareta ER

【花径】8〜10cm
【高さ×幅】2.5m〜×1.5m〜
【香り】フルーツをベースにさわやかな甘い香りがとても強い。
【特徴】春はオレンジアプリコット、秋は濃いオレンジで咲く中大輪房咲き。短く剪定できるが、高いフェンスや壁面などに誘引すると一面に咲き見事。ステムが長くややうつむき加減に咲くので肩より上で咲かせたい。とても病気に強くて育てやすい。タイプⅢ。

ノヴァーリス
Novalis Kor

【花径】8〜10cm
【高さ×幅】1.5m×1.0m
【香り】中香、さわやかなフルーティな香り。
【特徴】青系のバラの中でいちばん丈夫で病気に強いといわれているバラ。秋には紫を帯びた深い花色に。中輪咲きの四季咲き性で枝は直立気味に大きく伸びる。まとまりがよいので花壇などで他の植物との組み合わせも。冬の剪定で小さくすると春には低く咲く。タイプⅠ。

ラ・ドルチェ・ヴィータ
La Dolce Vita Del

【花径】6〜8cm
【高さ×幅】0.8m×0.8m
【香り】強香、ティに甘い香りが混ざる。
【特徴】オレンジがかった純黄色のカップ咲き。四季咲き性中輪房咲きでいつも咲いている印象が残る。枝は半横張り気味に伸びるがコンパクトで細い枝にもよく花が咲く。日当たりのよいところで鉢植えで育てると生育もよく花もたくさん楽しめる。花後の剪定と肥料を忘れずに。タイプⅠ。

レッド・レオナルド・ダ・ヴィンチ
Red Leonard da Vinci maill

【花径】8〜10cm
【高さ×幅】1.5m×1.2m
【香り】微香。
【特徴】フォルムの美しいクリムゾンレッドから深いピンクに変わる四季咲き性中輪房咲き。耐病性、耐寒性に優れる。枝は散開状に広がるように伸びるので低いフェンス仕立てに。冬の剪定で小さくしてコンパクトな鉢植えにも仕立てられる。花もちもよい。タイプⅠ。

ローズシネルジック
Rose Synergique Del

【花径】8〜10cm
【高さ×幅】1.5m×1.2m
【香り】強香、ローズをベースにレモン、アニス、バジル、レモングラスの香り。
【特徴】モーヴ色の高芯咲きから丸弁咲きに。時には弁端に切れ込みが入ることも。香りも素晴らしい。四季咲き性の横張り気味のかっちりしたブッシュ樹形で剪定で大きさを自由にコントロールできる。耐病性に優れ樹勢も強くとても育てやすい。タイプⅡ。

バラとクレマチスの楽しみ方

「園芸植物の女王」クレマチスは多様な植物

　バラとクレマチスを楽しみたいのなら、まずクレマチスの性質を知りましょう。

　クレマチスは、つるを長く長く伸ばして花を咲かせるイメージですが、多くの系統、品種があり、草姿、花形、花期、花色はさまざまで、バラ以上にバリエーションが豊かな植物です。四季咲き性を有する品種も多くあります。数品種組み合わせれば一年中開花させることも可能です。

　バラにはない花形や花色を生かして、バラと組み合わせたり、花期の違いを利用してバラの花のない時期に咲かせるなど、アイデアと工夫次第で魅力的な演出が可能です。

咲き方の違いで選ぶ

　クレマチスは大きく分けて、その年に伸びた枝に花を咲かせる「新枝咲き」、前年に伸びた枝に花を咲かせる「旧枝咲き」、そして両者の性質をもった「新旧両枝咲き」の3タイプがあります。

　クレマチスをバラと組み合わせたり、バラに近い場所で楽しむには、冬に地上部がほぼ残らない新枝咲きがおすすめです。春の花後には強剪定をするので、バラに絡ませてもあまり生育に支障を与えません。

　旧枝咲き、新旧両枝咲きは、前年のつるに春の花がたくさん咲きます。バラと直接絡み合わない場所で管理します。

クレマチスの管理

　クレマチスは、やわらかなつるを誘引して花の位置、高さを自由に調整できるところが魅力です。

　ただし、自立できないので、つるを絡ませる構造物が必要になります。オベリスク、スクリーンフェンスなど細いライン状のものには自力で絡みます。木製ラティスのように幅が広いものはひもやビニールタイなどで人が留めつけます。

剪定・誘引の基本

　新枝咲きは、休眠期に地際のよい芽を残して剪定します。開花後は、早めに地際から数芽残して切り戻すと再びつるを伸ばして開花します。

　旧枝咲き、新旧両枝咲きは、前年に伸びたつるを休眠期に誘引します。開花後は中剪定します。その年に伸びるつるを大切にして翌年誘引します。

ゴールデン・セレブレーションの株元に鉢植えのクレマチスのカウンテス・オブ・ラヴレースを。バラにクレマチスを絡めるのではなく、咲いた時だけ添わせると両者に負担がない。

ソニア・リキエルとテッセンのコラボレーション。自然風に育てて這わせたので、狭い空間でも威圧感なく楽しめる。

バラと合わせたいおすすめのクレマチス

アフロディーテ・エレガフミナ
Aphrodite Elegafumina
インテグリフォリア系

【草丈】2.0〜2.5m 【花径】10〜12cm
【花期】5〜10月
【特徴】新枝咲き

濃い紫で細長い花弁の中央には赤紫の筋が入る。四季咲き性が高く花つきがよく、花芯も濃い赤紫で花色をより引き立てている。花形、花色が美しく、どんな植物と組み合わせても使いやすい。

ヴェノサ・ヴィオラセア
Venosa Violacea
ヴィチセラ系

【草丈】2.5〜3.0m 【花径】7〜10cm
【花期】5〜10月
【特徴】新枝咲き

光沢のある濃紫に白くはけ目模様が入る。鮮やかな花色は人目を引くので、他の植物と組み合わせてもしっかり存在感を発揮する。生育旺盛で花つきがよく、四季咲き性も高い。

エトワール・ローズ
Etoile Rose
ヴィチセラ系

【草丈】2.0〜3.0m 【花径】4〜5cm
【花期】5〜10月
【特徴】新枝咲き

特徴的なローズピンクのベル型の花は、小型でも花つきがよいのでアクセントに。花弁の外側に白い縁どりが入り、内側は中央に赤い筋が入る。生育旺盛で育てやすい。

コンテス・ドゥ・ブショー
Comtesse de Bouchaud
遅咲き大輪系

【草丈】1.5〜2.5m 【花径】8〜12cm
【花期】5〜10月
【特徴】新旧両枝咲き

淡いサーモンピンクの花は剣弁で咲き始め、株を覆いつくすほど花つきがよい。バラと組み合わせるとお互いの花色を引き立てる。

パルセット
Paruset
インテグリフォリア系

【草丈】1.5〜2.5m 【花径】4〜10cm
【花期】5〜10月
【特徴】新枝咲き

白いとがった中輪の花弁にピンクの筋が入り花芯は黒紫色。コントラストがはっきりした花色で組み合わせにも使いやすい。半つる性で花つきよく、株を覆うように咲く。花、葉、姿、全体のバランスがよくとても美しい。

マルモリ
Marmori
遅咲き大輪系

【草丈】1.5〜2.5m 【花径】8〜12cm
【花期】5〜10月
【特徴】新旧両枝咲き

淡いピンクの花弁は、中心に向かってほんのりピンクが差し、花芯もピンクで明るい雰囲気。花つきがよく株いっぱいに花をつけるので、組み合わせに向く。

バラと草花を楽しむ

より豊かな植生に

　庭や玄関、ベランダなど、バラだけでは少しさびしい時は、一年草や宿根草、樹木などを一緒に植えましょう。植生が豊かになります。

　ただし、バラが日陰になるなど生長に悪影響がないよう、それらが数年後にどのように育つのかを考えておかなければなりません。

　花壇でも寄せ植えでもバラの開花時期だけ他の植物との取り合わせを楽しみたいのなら、華やかな一年草を中心に葉色の楽しめる宿根草を組み合わせます。花が終わったら組み合わせをばらします。

　四季咲き性のバラと草花を春から秋まで楽しみたいのなら、バラと相性のよい宿根草や葉色のきれいな宿根草を中心に組み合わせて、少しだけ一年草を合わせ、花期ごとに植え替えます。

バラの株元に小花の草花を使い、鉢植えのカラーリーフと合わせて。バラが咲かない時期も楽しめる。

バラに合う植物
使い勝手のよい一年草

四季折々に華やかな草花があります。バラの株元などに植え、花が終わったら処分します。宿根草でありながら一年草扱いのものも含みます。

パンジー、ビオラ
花期：11〜6月
草丈：10〜30cm
耐寒性：◎
日照：日当たり◎　日陰◎
花色、花径などが豊富で花期が長い。品種によるが厳寒期は開花しない。

スイートアリッサム
花期：9〜6月
草丈：10〜15cm
耐寒性：◎
日照：日当たり◎　日陰◎
小花をいっぱいに咲かせて、芳香を漂わせる。暑さに弱い。

キンギョソウ
花期：4〜11月
草丈：20〜50cm
耐寒性：◎
日照：日当たり◎　日陰○
特徴のある花形で、花色が豊富。四季咲き種もある。ヒメキンギョソウは別種。

セロシア
花期：5〜11月
草丈：20〜50cm
耐寒性：△
日照：日当たり◎　日陰△
花色と花形が豊富なケイトウの仲間。日当たりが悪いと花色が優れない。

クリサンセマム・ノースポール
花期：11〜6月
草丈：10〜40cm
耐寒性：◎
日照：日当たり◎　日陰○
冬花壇の定番で、花がら摘みをすると次々に開花する。厳寒期は開花しない。

ペチュニア
花期：4〜11月
草丈：10〜30cm
耐寒性：△
日照：日当たり◎　日陰○
一重と八重、大輪から小輪まであり花色も豊富。春から秋まで彩る。

ダールベルグデージー
花期：5〜6月、9〜11月
草丈：10〜15cm
耐寒性：△
日照：日当たり◎　日陰○
細い糸状の葉に小さな黄色い花をたくさんつける。過湿に注意。

ジニア・リネアリス
花期：5〜11月
草丈：20〜40cm
耐寒性：×
日照：日当たり◎　日陰△
小輪多花性で、霜が降りるまで開花する。

◎＝とても適している／強い　○＝適している／普通　△＝あまり適していない／やや弱い

ブルー系の宿根草

バラのブルー系の品種は純粋な「青」にはほど遠いので、宿根草でブルーを補います。

スカビオサ（セイヨウマツムシソウ）
花期：5～9月
草丈：20～100cm
耐寒性：◎
日照：日当たり○　日陰○
強健で乾燥と寒さには強いが、夏季のむれに弱い。

エキナセア
花期：5～10月
草丈：30～100cm
耐寒性：◎
日照：日当たり◎　日陰△
強健でバラとの相性のよい宿根草。黄色～濃オレンジ系の品種もある。八重咲きで豪華な品種も増えている。

キャットミント（ネペタ・ファッシーニ）
花期：4～10月
草丈：20～80cm
耐寒性：◎
日照：日当たり◎　日陰○
花色豊富で極小輪花を鈴なりに咲かせる。暑さに強く通年刈り込み可能。繊細な姿も美しい。

ロシアンセージ（ペロフスキア）
花期：7～11月
草丈：80～150cm
耐寒性：○
日照：日当たり○　日陰△
春～晩秋にかけて長く咲き続ける。冬季に地面に近い位置で刈り込む。

雑草の発生をおさえる美しいグラウンドカバープランツ

バラ栽培では雑草がはびこりがちなので、株元にグラウンドカバープランツをうまく使い雑草の発生をおさえ、美観をアップします。刈り込みに強く、手入れのしやすいものがよいでしょう。

バコパ（ステラ）
花期：3～11月
草丈：10～15cm（ほふく性）
耐寒性：○
日照：日当たり◎　日陰○
少数ながら夏にも開花して横に広がる。単独だとボリュームが出ないので、他のほふく植物と組み合わせたい。

グレコマ・ヘデラケア（斑入りカキドオシ）
草丈：5～25cm（ほふく性）
耐寒性：◎
日照：日当たり◎　日陰◎
単独だと低く這うが、混植すると競い合うように高くなる。斑入り葉が明るく彩り、春先に薄紫の花を咲かせる。

リシマキア・ヌンムラリア・オーレア
草丈：2～5cm（ほふく性）
耐寒性：◎
日照：日当たり○　日陰◎
多湿を好むので乾燥に注意。華奢な印象だが、極めて強健。生長は緩慢で、広がりすぎる心配も少ない。

**❶セダム・マキノイ・バリエガータ
❷セダム・ドラゴンズブラッド
❸セダム・バリダム
❹セダム・オーレウス**
草丈：❶❷10～15cm ❸❹15～20cm
耐寒性・耐暑性：◎
日照：日当たり◎　日陰◎
踏まれて折れてもさらにふえるほど強健。

Column

オベリスクへの誘引

オベリスクへの誘引は簡単です。誘引しやすい品種を選びます。

完成 花や葉のない冬の姿は大切。

1 44ページで植えたコーネリアの苗が半年で伸びた。

4 花が咲く太さまで枝を切り戻す。

2 シュートがたくさん出た株元。

5 株元にオベリスクを設置。株を中に入れないこと。

3 混み合った枝や枯れた枝を元から切除する。

6 ゆるやかに上昇するように誘引する。

バラの寄せ植えをつくってみよう

　寄せ植えとは、1つの鉢に複数の植物を植えることです。いろいろな植物が一度に楽しめ、また複数の植物を組み合わせることで、美的な効果が生まれます。

　しかし、限られたスペースに植物を植えるので、栽培環境の近い植物を合わせ、水やりなど管理に注意が必要です。

　なお、「寄せ植え風寄せ鉢」は、ポットのまま植えつける手法です。お互いの根が干渉せず、ポットのまま植物を入れ替えられます。

1. 花のある時期だけ楽しむ
寄せ植えは強健な植物のみ育ちすぎて他が負けてしまいます。花のシーズンが終わったらばらしましょう。

ポット苗の寄せ鉢。ポット苗の用土の量が少ないので、観賞期間が過ぎたら苗を入れ替えるか取り出す。

超簡単！寄せ植え風寄せ鉢

すべてのポットに水が入るように、水やりします。バラの葉が草花の陰にならないよう注意します。

準備
バラ（ラ・マリエ）1株、ユーカリ1株、ユーフォルビア1株、ロシアンセージ1株、ブラキカム1株、ヒューケラ1株、鉢底石、鉢底網、鉢

1 鉢底網を敷き、鉢底石を適量入れる。

2 バラが適切な高さになるように置く。

Point!
3 ポット苗は多少根鉢を変形させてもよい。

4 ポット苗を隙間に入れ込む。

5 短期間ならポット苗を重ねることもできる。

6 ポット苗をバランスよく入れていく。

7 隙間には鉢底石を入れる。

8 花に水がかからないようにまんべんなく水やりする。

2. 液肥を有効に使う

　肥料分をしっかり補うことが、すべての植物をできるだけ長く楽しむためのコツです。

3. 用土はバラの土がベース

　バラと草花では、用土に求める機能が異なります。バラが主役の寄せ植えではバラに向いた用土を使います。

4. バラの品種選びに気をつける

　寄せ植えでは植物を密植するので、耐病性の高いバラが向いています。そして、コンパクトなブッシュタイプの四季咲き性品種（タイプⅠ）を選ぶと、長く楽しめます。

寄せ植えする下草はバラの陰になるので、耐陰性のあるものに。

寄せ植え

短期間楽しむだけなら、密植しても大丈夫です。バラの葉が隠れるような場合は草花を切り戻します。

準備
バラ（ハーブシコード）1株、ヘデラ1株、クローバー1株、アレナリア・モンタナ1株、ハゴロモジャスミン1株、グレコマ1株、バラの培養土、根腐れ防止剤、鉢底網、鉢

1 鉢底網を敷き、根腐れ防止材を5cmほど入れる。

2 適当な高さまでバラの用土を入れる。

3 バラ苗をポットから出して鉢に入れ、高さを用土で調整する。

4 草花の苗が適当な高さになるように用土を入れる。

5 ポットのまま草花を並べてバランスを確認する。

6 根鉢はほぐす程度にして、ポットから出して苗を植える。

7 用土を加える。

8 バランスよく植えていく。

9 隙間に用土を入れる。

10 十分に水やりする。

あこがれのオールドローズに挑戦しよう

オールドローズってどんなバラ？

1867年にフランスの育種家ギヨが作出した四季咲き性をもち大輪の花が咲くハイブリッドティ（HT）「ラ・フランス」以降のバラを「モダンローズ」、それ以前の原種以外のバラを「オールドローズ」と呼びます（諸説あり）。

先人が愛し遺してきたバラには繊細な美しさが感じられ、交配や名前にまつわるエピソードがたくさんあり、興味深いものです。

育て方のポイント

1. 慣れるまでは鉢植えで育て、強い日差しや長雨、台風、害虫から保護しましょう。
2. 強い剪定をすると花が得られない品種があります。入手前に確認します。
3. あまり大きくならない品種は美しい自然樹形を楽しんでみましょう。
4. つるバラとして楽しめる品種が多くあります。
5. 農薬に免疫のない品種が多いので薬害に注意します。
6. 肥料を少なめにして管理します。与えすぎると木が大きくなりすぎたり花が咲かなかったりすることがあります。

シックな赤紫色でまとめたオールドローズ。風通しと排水がよければ比較的日照が少なくても開花。他の植物と楽しみたい時は、まわりに空間をとる。

おすすめのオールドローズ

カーディナル・ドゥ・リシュリュー
Cardinal de Richelieu
シュラブ / Old

【花径】6cm
【高さ×幅】2.0m×1.0m
【香り】中香、軽めのダマスクの香り。
【特徴】深い赤紫から次第にバイオレットに変わる珍しい花色の中輪房咲き性で一季咲き性。トゲは細かくて気にならない。細くしなやかな枝で半つる性。半日陰でもよく咲き花色の退色も少ない。よく伸びる枝をうまく利用してつるバラとして楽しみたい。タイプⅢ。

スヴニール・ドゥ・ドクトール・ジャメイン
Souvenir du Docteur Jamain
シュラブ / Old

【花径】7〜8cm
【高さ×幅】2.5m〜×2.0m
【香り】強香、強いダマスクの香りが辺り一面に香る。
【特徴】深いワインレッドからバイオレットに移ろう中輪平咲き。トゲの少ない枝は直立気味によく伸びるまとまりのよい樹形。ステムがとても短くて10cmくらいなので、オベリスクやアーチなどに向く。秋にもよく返り咲く。剪定してブッシュ仕立てにも。タイプⅢ。

ルイーズ・オディエ
Louise Odier
シュラブ / Old

【花径】6〜8cm
【高さ×幅】2.0m×1.0m
【香り】強香、甘いダマスクの香りがとても強く香る。
【特徴】中輪房咲き性で春はもちろん秋にも返り咲くオールドローズ。香りの素晴らしさと花つきのよさが魅力。しなやかな枝が直立気味によく伸びる。枝がやわらかくて扱いやすいのでフェンスやオベリスクなどに誘引して中型のつるバラとして楽しみたい。オールドローズの入門品種。タイプⅢ。

病害虫に気をつけよう

病気に対しては予防が大切

　規則正しく生活している人は病気にかかりにくくありませんか？ バラも同じです。バラは病害虫の被害に遭いやすい植物ですが、健康管理をきちんとして、予防に努めれば、深刻な事態になることは少ないでしょう。
　病害虫に対しては、以下の点に注意します。
1.バラ栽培に適した環境を整える、2.適切な栽培を心がける、3.休眠期に防除作業を行う、4.生長期に定期的な薬剤の予防散布をする、5.病害虫が発生したらそのつど対処する。

よく返り咲くバラほど葉を残すようにする

　花を咲かせるためには光合成によりできる養分が必要なので、繰り返し咲くタイプほど、葉を保護する必要があります。バラは黒星病にかかると葉を落とすので、黒星病にならないような防除や予防散布がのぞまれます。
　逆にいえば、一季咲き性品種の春の開花後は、多少の病害虫は問題ないといえます。

Column

病害虫以外の害

薬害
症状：農薬や展着剤の散布で、葉や新芽などにシミ状の斑点や不整形の褐色斑点が生じたり枯死したりすること。
原因：希釈倍率の間違いや不適切な混合や時期の散布、適用外薬剤の使用などによる。高温・多湿時の散布に注意。

生理障害
症状：葉の巻き込み、黄変、斑点、花弁に斑点が出たり、花が咲かなかったりする。
原因：雨後と真夏の日焼け、肥料の過不足、高温時の日中の水やり、酸性雨、光化学オキシダント（光化学スモッグの原因）の発生などによる。

薬剤散布の仕方

　薬剤を散布するには、1.そのまま使えるスプレー剤・エアゾール剤か、2.自分で希釈して散布器具を使います。バラの本数が少なければ前者、本数が多ければ後者にします。

薬剤散布の回数

　四季咲き性の品種やよく返り咲く品種は、芽出しから秋の開花まで10〜14日に1回程度、春の開花時期は少し休みます。一季咲き性やそれほど返り咲かないものは芽出しから春の開花前まで10〜14日に1回程度行います。

病気の対処方法

　防除の基本は、昨年の病原体の除去と新たな病原体の侵入を防ぐことです。特に黒星病などは定期的な薬剤散布で感染しないようにします。肉眼で見られる症状が出た時点で、病気は最終段階です。

病気のおもな予防方法

1. 前年の葉や庭やベランダなどの落ち葉を処分する。
2. 日照を確保し、風通し、用土の水はけをよくするなど栽培環境を整える。
3. 弱枝を残さないように剪定し、病気を防ぐ。
4. 器具を消毒し、器具からの感染を防ぐ。
5. 予防薬（殺菌剤など）を定期的に散布する。特に雨天の前はしっかり散布する。感染後の予防薬の散布は効果がない。
6. 薬剤は葉の先端や葉裏、葉の傷口にもしっかりかける。
7. 病気にかかりにくい品種を選ぶ。
8. 乳剤以外の薬剤には効きめをよくするために展着剤（次ページ参照）を加える。

治療方法

病気に侵された葉はできるだけ取り除き、早期の治療薬剤の散布がいちばん効果的。

害虫の対処方法

　多くの害虫は飛来するので、日ごろから株をよく観察します。特に気をつけたいのはカミキリムシの幼虫と鉢栽培ではコガネムシの幼虫です。

害虫のおもな対処法

1. 株をよく観察し、見つけたら捕殺する。
2. 鉢植えは毎年植え替え、コガネムシの幼虫がいたら捕殺、土は処分する。
3. 浸透移行性の殺虫剤（オルトラン粒剤など）を株元にまいておく。
4. ハダニなど抵抗性がつきやすい害虫には、3種類くらいの薬剤をローテーションさせる。

薬剤の種類

　薬剤は、対応する病害虫や目的によって、各メーカーからさまざまなものが販売されています。目的に合ったものを選び、説明書をよく読んで正しく散布しましょう。バラ栽培に適用のない薬剤を使うとか、間違った使い方をすると薬害が出るので注意してください。

薬剤の希釈から散布まで

薬剤の希釈と散布はむずかしそうですが、慣れてしまえばかんたんです。いつも基本に忠実に行いましょう。

準備 噴霧器、計量カップ、薬剤（オルトラン、サルバトーレ）、展着剤（アビオン）、スポイト、計量スプーン、マスク、防護メガネをそろえる。

1 噴霧器に少量の水を入れる。

2 計量カップに薬剤を混ぜやすい適量の水を入れる。

3 展着剤を *2* に加え攪拌する。

4 噴霧器に *3* を注ぐ。

5 計量カップに水を適量入れ、液剤をスポイトで量る。

6 液剤を *5* の計量カップに加えて、よく攪拌する。

7 計量スプーンで水和剤を量る。

8 水和剤を加えてよく攪拌する。

9 計量カップの希釈液を噴霧器に加える。

10 規定量まで水を加える。

散布 帽子、マスク、防護メガネ、手袋、長ソデの上着、長ズボンを着用し、葉の表裏にかけむらがないように散布する。

液剤…液状の薬剤。
乳剤…水に溶けにくい成分を有機溶剤などで水溶性にしてある薬剤。
水和剤…粉状で水の中に分散する薬剤。
フロアブル剤…水和剤を微粒子のレベルまで細かくした薬剤。
粉剤・粒剤…粉状、粒状で土などに直接まく薬剤。
＊薬剤は子どもなどの手の届かない冷暗所でしっかり管理する。
＊混合できる薬剤とできない薬剤、展着剤があるので、確かめてから使用する。

展着剤の機能と種類

展着剤は薬剤をバラの芽や葉に確実に付着させるもので、薬剤を効率よく効かせるために欠かせません。ただし、混合に注意が必要なので気をつけます。
展着剤（一般展着剤）…植物に薬液を均一に付着させる。
機能性展着剤…薬液を植物の体内に入りやすくする。
固着剤…薬液を植物に固着させ、雨で流れにくくする。
＊展着剤を規定の量以上に添加すると、付着した薬液が滴り落ちる（ランオフ）。
＊乳剤には界面活性剤が添加されているため、展着剤を加える必要はない。

薬剤の希釈方法

薬剤は希釈（水に薄めて）使用します。薬剤ごとの希釈倍率を必ず守ります。

希釈は、水→展着剤→乳剤・液剤→水和剤の順で混ぜます。

まず少量の水で展着剤を溶かし、複数の薬剤を使用する場合は上記の順で薬剤を入れてしっかり混ぜます。複数の液剤を使用する場合、同じスポイトは使用せず、液剤ごとに使い分けます。

多種類の混合について

複数の薬剤を使用するとき、希釈倍率に注意します。

たとえば、水和剤(1000倍)＋液剤(1000倍)＋展着剤(2000倍)で1ℓ(1000cc)の希釈液をつくるには、1ℓの水に対して、水和剤1cc＋液剤1cc＋展着剤0.5ccを加えます。

散布時期の注意

1. 早朝、もしくは夕方に散布する。日中の散布は避ける。
2. 雨の降る前、もしくは雨の後に葉が乾いてから散布すると効果がある。
3. 日中の気温が25度以上になるような日は避ける（薬害の恐れ）。
4. 病気や害虫の発生時期の少し前に散布する。
5. 風の強い日は散布しない。

散布方法

散布するときは、帽子、マスク、長ソデの上着、長ズボン、防護メガネ、手袋を着用し、希釈後すぐに行います。

葉の裏と表（特に裏）にしっかり薬剤がかかるように散布し、自分に薬剤がかからないように気をつけます。長時間散布するときはときどき噴霧器をよく振り、希釈液が分離するのを防ぎます。散布後は器具を洗浄し、噴霧器に真水を入れて起動させ、顔や手をきれいに洗い、衣服は洗濯します。

ローテーション散布を心がける

同じ薬剤を散布していると、病気、害虫ともに耐性ができてしまいます。同じ薬剤は3回以上連続して散布しないようにします。

複数の薬剤をローテーションして散布するようにしましょう。

かけ残しや有効期限の切れた薬剤の処理

希釈して余った分は、その日のうちに使い切るか処分します。また、有効期限の切れた薬剤は使用せず処分します。その際は絶対に下水に流してはいけません。庭の片隅などに穴を掘り、埋め戻します。

バラのおもな病気

すぐに枯れることはありませんが、放置すると深刻になることがあります。

■うどんこ病

症状：おもに新芽や蕾、新しい葉に感染し白く粉をふいたようになる。感染部分が変形することもある。

発生時期：4～11月の乾燥期におもに発生。

対処：空気感染するので風通しをよくし湿気がよどまないように心がける。菌は越冬芽に生息し新芽の展開と同時に感染するので前年の葉を処分。肥料の与えすぎ、水切れ、かかりやすい品種に注意。

■黒星病（黒点病）

症状：黒褐色の斑点が不規則に星のように出て広がり、やがて黄変し落葉する。肉眼で確認できた時点でかなり進行している。

発生時期：5～7月・8月後半～9月に多く発生。

対処：6時間以上葉がぬれていると感染し、雨や散水時の水分によって広がる。雨、多湿、散水、昆虫により感染し、空気感染はしない。雨のかからないところや土面のないところでは感染しにくい。黒星病は治療ではほとんど効果が得られないので、通年予防に努めることが肝心。

■べと病

症状：湿度の高い風のあまり吹かない涼しい日や梅雨時期など中低温・多湿で発生。黒い斑点は黒星病とよく似るが、最初に葉が波打つように始まりやがて斑点になり、葉脈で止まる。そして葉裏に菌糸などが白く見える。

発生時期：4～6月・9～11月に多く発生。

対処：黒星病ほどは発生しないが、対応がむずかしい病気。むれないように風通しに気をつける。発生した葉はすべて処分し薬剤を散布する。

■灰色かび病

症状：15℃前後で雨が多く多湿のとき、蕾や花に発生。

発生時期：梅雨時期や秋の長雨、多湿時や晩秋の涼しい日に多く発生。

対処：空気感染するので、風通しをよくする。発生した花や蕾はすぐに処分する。

■枝枯れ病
（ステムキャンカー）

症状：剪定した枝やトゲや害虫による傷から進行。多くは剪定時の枝の残しすぎ、切れないハサミ、他の植物を切ったあとのハサミで剪定した場合に枯れ込む。

発生時期：春から秋。

対処：よく切れるハサミを使用し、ハサミの消毒、剪定位置に注意する。見つけ次第、健全部分まで切り戻す。切り口に殺菌剤入りの癒合剤（トップジンMペーストなど）を塗る。

■根頭がんしゅ病

症状：株の基部に白いこぶ状のものができ次第に大きくなり黒く変色する。

発生時期：通年。

対処：健全な苗を購入する。発生したら、がんしゅ（こぶ）が小さいうちに清潔な刃物で切除する。一度感染した株は治ることはないが、多くの場合そのままでも問題なく育つ。地植えの株が発症した場合は鉢に移し、土壌消毒をする。菌は土壌に生存し、剪定、植え替え、接ぎ木などの傷から侵入するので、器具を清潔に保つことが最重要。

バラのおもな害虫

カミキリムシとコガネムシの幼虫はバラを枯らすことがあるので要注意です。

■アブラムシ

症状：新芽や蕾に群がり吸汁する。すぐに大きな被害は出ないが、多くつくと生育障害を起こし、排泄物がすす病を発生させる。病気を媒介するので早めの退治を。
発生時期：極寒期以外は通年。
対処：薬剤散布で防除するが、薬剤に抵抗性が生じやすいので注意。

■バラゾウムシ
（クロケシツブチョッキリ）

症状：象の鼻のような口吻をもつ甲虫が新芽や蕾のすぐ下に針を刺し産卵する。刺された箇所は先がしおれ乾燥しチリチリになる。
発生時期：4～5月に発生。
対処：見かけたらすぐに薬剤散布。予防が効果的。

■チュウレンジハバチ

症状：茎にたての筋（産卵痕）をつけ、幼虫が群がり葉を食害。
発生時期：5～9月に発生。
対処：幼虫は動きが鈍いので見かけたらすぐに捕殺するか薬剤散布。成虫も捕殺。産卵中は捕まえやすい。針がないので刺されない。

■ハダニ

症状：0.5mmの大きさのクモの仲間が群がる。上部の葉から葉の表面に針で突いたような白い斑点ができ、次第に黄変（肥料切れや病気に見える）。葉が硬くなる。5月はじめに注意して葉裏を観察。
発生時期：5～11月の高温期（25～30℃）に乾燥が続くと大量に発生。
対処：孵化から10日で成虫になり非常に繁殖力が強いので、早期発見、早期退治が鉄則。雑草から発生するのでまわりの草を処分する。水を嫌うので葉裏に強い勢いで水をかけると効果があるが、黒星病に注意。一度使った薬剤はその世代に耐性ができる。

■カイガラムシ

症状：茎にカイガラのようなものが張りつき、茎から養分を吸い、枝を衰弱させる。また、排泄物がすす病の発生源になる。
発生時期：通年。4～5月に幼虫が孵化する。
対処：殻でおおわれているので薬剤が効きにくい。使い終わった歯ブラシなどでこそげ落とす。幼虫が孵化する時期に薬剤を散布するとよい。

■ケムシ・イモムシ類
（ホソオビアシブトクチバ・ヨトウガ・ハマキムシ・シャクトリムシなど）

症状：葉や蕾が食害される。夜行性や茎に擬態するものがいるので注意深く観察する。
発生時期：春～秋。種類により異なる。
対処：見つけたら捕殺する。食害の跡があったら早めに薬剤を散布する。大きくなると薬剤が効きにくくなる。

■スリップス
（アザミウマ）

症状：1～2mmの細長い虫が花弁の中を動きまわり、花弁の縁を食害したり花弁をかすり状にし、花の美観を損ねる。
発生時期：4～6月・9～10月に発生。
対処：捕殺しにくいので、花ごと摘み取って捨てる。もしくは薬剤散布する。

■コガネムシ

症状：幼虫は根を食い荒らし、成虫は花を食害する。特に幼虫を放置すると株を枯らすことがあるので注意。
発生時期：5～8月までさまざまな種類が発生する。春から夏にかけて成虫になり7～8月に産卵する。
対処：成虫は市販の捕獲器か手で捕殺する。株が弱ってきたり土の表面がべっとりしたら幼虫が鉢の中にいる可能性がある。土を掘り返して幼虫がいたら土替えして捕殺する。

■カミキリムシ
（テッポウムシ）

症状：成虫は樹皮を食害する。幼虫は幹に侵入し中を食べて木を枯らす。
発生時期：6～10月に産卵。
対処：成虫は捕殺。定期的に株元を観察し、おが屑のようなものがあったら幼虫がいる可能性大。穴を探して針金などで刺殺するか薬剤を注入。

おすすめのバラ専門店

京都・洛西 まつおえんげい
京都市西京区大枝西長町 3-70
☎ 075-331-0358
HP http://matsuoengei.web.fc2.com/
お客さまからの信頼が厚く、日本一バラ苗を販売する実店舗。バラの他クレマチスにも詳しい。
★ウェブショップあり

バラの家
埼玉県北葛飾郡杉戸町堤根4425−1（リアルショップ）
☎ 0480-35-1187
HP http://www.rakuten.co.jp/baranoie/
日本一バラ苗を販売するネットショップ。木村卓功店長が育種するロサ・オリエンティスが大人気。
★ウェブショップあり

京成バラ園芸
千葉県八千代市大和田新田755
☎ 047-459-3347（ガーデンセンター）
HP http://www.keiseirose.co.jp/
最新の品種から、原種糸、オールドローズ、モダンローズを配した観賞庭園、ガーデンセンター、レストランがある。
★ウェブショップあり

ロザ ヴェール（ROSA VERTE）
山梨県中巨摩郡昭和町上河東138
常永区画整理地内24 2,3画地
☎ 055-287-8758
HP http://www.komatsugarden.co.jp/
後藤みどりさんが経営するバラ苗生産販売のコマツガーデン、新店舗。オリジナルの品種もある。
★ウェブショップあり

京阪園芸ガーデナーズ
大阪府枚方市伊加賀寿町1-5
☎ 072-844-1134
HP http://www.keihan-engei.com/
F＆Gローズを手掛ける。ローズソムリエ小山内健さんが勤務するバラと造園の老舗。
★ウェブショップあり

バラ図鑑索引 ＊バラの図鑑の索引です。

ア
- あおい……10
- アッシュ・ウェンズデイ……62
- アンナプルナ……50
- アンブリッジ・ローズ……53
- イージー・タイム……11

カ
- かおりかざり……51
- カクテル（ピンク・カクテル）……57
- カーディナル・ドゥ・リシュリュー……74
- カーディナル・ヒューム……57
- ガートルード・ジェキル……59
- ギスレーヌ・ドゥ・フェリゴンデ……62
- クラウン・プリンセス・マルガリータ……67
- グラハム・トーマス……59
- クレア・オースチン……53
- クレプスキュル……59
- クレール・マーシャル……12
- クロード・モネ……13
- コーネリア……59
- ゴールデン・セレブレーション……57
- コンスタンス・スプライ……63

サ
- サイレント・ラブ……50
- サンセット・グロウ……58
- シェエラザード……11
- シティ・オブ・ヨーク……63
- ジャクリーヌ・デュ・プレ……58
- ジャスト・ジョーイ……13
- ジャンティーユ……10
- ジャンヌ・ダルク……50
- シュ・シュ……12
- ジュード・ジ・オブスキュア……56
- ジンジャー・シラバブ……58
- スヴニール・ドゥ・ドクトール・ジャメイン……74
- スヴニール・ドゥ・ルイアマード……52
- スノー・グース……65
- スパニッシュ・ビューティ……63
- セ・ミニョン！……51

タ・ナ
- ダフネ……57
- ダブル・ノック・アウト……67
- ダム・ドゥ・シュノンソー……52
- つるアイスバーグ……62
- つるクリムゾン・グローリー……62
- ドロシー・パーキンス……63
- ナターシャ・リチャードソン……53
- ノヴァーリス……67

ハ
- バーガンディ・アイスバーグ……51
- パット・オースチン……52
- バフ・ビューティ……59
- バレリーナ……65
- ピエール・ドゥ・ロンサール……58
- ピンク・アバンダンス……50
- ピンク・カクテル……57
- フェリシア……59
- ブラッシュ・ノアゼット……65
- フランソワ・ジュランビル……63
- プリンセス・アレキサンドラ・オブ・ケント……52
- プリンセス・シビル・ドゥ・ルクセンブルグ……57
- ブル・ドゥ・ネージュ……53
- ボスコベル……13
- ポールズ・ヒマラヤン・ムスク……63
- ポール・セザンヌ……53
- ボレロ……11

マ
- マダム・アルディ……65
- マダム・フィガロ……65
- マルク・シャガール……11
- ミツコ……51
- ミルフィーユ……10
- ムンステッド・ウッド……11
- メアリー・ローズ……65
- モニーク・ダーヴ……13

ラ
- ラジオ……51
- ラ・ドルチェ・ヴィータ……67
- ラ・パリジェンヌ……12
- ラ・マリエ……11
- ラ・ローズ・ドゥ・モリナール……56
- リア・チュチュ……13
- リパブリック・ドゥ・モンマルトル……57
- ルイーザ・ストーン……53
- ルイーズ・オディエ……74
- レイ……51
- レヴェイユ……10
- レッド・レオナルド・ダ・ヴィンチ……67
- レディ・エマ・ハミルトン……13
- ローズシネルジック……67
- ローズ・ポンパドゥール……56
- ロセッティ・ローズ……12
- ローブ・ア・ラ・フランセーズ……56

Easy and Successful Rose Growing

松尾正晃（まつおまさあき）

京都府生まれ。日本一バラ苗を販売する実店舗、「京都・洛西 まつおえんげい」社長。1978年の園芸店開業からかかわり、自ら各地のバラの栽培講座に通いつめて勉強し、お客さまの疑問や質問を解決、ゆるぎない信頼を得て、まつおえんげいをバラとクレマチスの名店にした。さらに毎年海外のバラのナーサリーにも出向き、最新品種の情報にも詳しい。京都府立植物園などにて、バラの栽培講座や各地でガーデニング講座の講師を行うほか、園芸雑誌などでも活躍中。

京都・洛西 まつおえんげい
〒610-1151
京都市西京区大枝西長町 3-70
☎ 075-331-0358
HP http://matsuoengei.web.fc2.com/

* 撮影協力・写真提供（敬称略）
當 明子／五十棲 正世／川那辺 由里子／志村 勝代／堤 初美／土岐邸／中村 朋／日東薬品工業株式会社／山口 伴子／エフメールナガモリ／㈲㈱H＆Lプランテーション／京都・洛西 まつおえんげい
* 執筆と写真
冨永禎晃（クレマチス）／松尾祐樹（草花）
* 写真撮影
桂 伸也

* イラスト
五嶋直美
* 装丁・本文デザイン
ジェイヴイコミュニケーションズ
長内奈津子／小山牧子
* 編集協力
白須美紀／小嶋めぐむ

はじめてでも きれいによく咲く バラづくり

2015年2月26日　第1刷発行
2023年9月19日　第2刷発行

著　者	松尾正晃
発行者	清田則子
発行所	株式会社 講談社
	〒112-8001 東京都文京区音羽2-12-21
販売部	電03-5395-3625
業務部	電03-5395-3615
編　集	株式会社講談社エディトリアル
代　表	堺 公江
	〒112-0013 東京都文京区音羽1-17-18 護国寺SIAビル6F
編集部	電03-5319-2171
印刷所	半七写真印刷工業株式会社
製本所	大口製本印刷株式会社

定価はカバーに表示してあります。
本書のコピー、スキャン、デジタル化等の無断複製は、著作権法上の例外を除き禁じられています。
本書を代行業者等の第三者に依頼してスキャンやデジタル化することは、たとえ個人や家庭内の利用でも著作権法違反です。
落丁本・乱丁本は購入書店名を明記のうえ、講談社業務部あてにお送りください。
送料は講談社負担にてお取り替えいたします。
なお、この本の内容についてのお問い合わせは、講談社エディトリアルあてにお願いいたします。

N.D.C.627 79p 26cm
©Masaaki Matsuo 2015,Printed in Japan
ISBN978-4-06-219383-2